実践編

ロッシェル・カップ
大野和基

英語の品格

JN087305

アルク

はじめに

　2017年に刊行した大野さんとの共著『英語の品格』（集英社インターナショナル）では、「英語を話すときに何が大切なのかを読者に意識してもらう」ということを一番の目的としていました。私たちが伝えたいポイントをさまざまな例文を交えて説明したのですが、出版後、「例文がとても参考になった」という声が多くの方々から寄せられました。そこで今回、例文中心の実践的な参考書を作ることになったのです。

　本書の例文はすべて、初級、中級、上級、の３つのレベルに分かれています。初級の例文でも十分丁寧で、全く問題のないものですが、中級・上級の例文は、情報が豊富になる上、単語や文章構成がより複雑になった「より洗練された表現」ですので、ぜひこれらを使いこなせるようになることを目標としていただければと思います。初級の表現しか言えそうにない、と焦る方もいらっしゃるとは思いますが、自分を責めず、本書と一緒に、より洗練された英語を使える力を磨いていきましょう。

　言語を使う究極の理由はコミュニケーションです。より丁寧で分かりやすい、かつ誤解を招かない表現を使うと、コミュニケーションの目的を達成できる確率は高くなるでしょう。そのために、本書が少しでもお役に立てればうれしいです。

2020年4月
経営コンサルタント
ロッシェル・カップ

言葉は自分の気持ちを表すものです。ロッシェルさんにとって日本語は外国語ですが、常に丁寧な日本語を使っています。逆に日本人が英語を使うときは品格のない英語でいいということはありません。やはり丁寧な英語を使うのがベストです。

　日本にはいまだに「英語は片言でも通じればいい」という風潮がありますが、もしあなたが仕事を依頼されるときに、相手から命令口調で言われたら、どんな気持ちになるでしょうか。また、相手に注意を促す必要がある場合、シンプルな表現で単刀直入に伝えたら、相手は素直に受け取ってくれるでしょうか。言い方によっては相手との間にシコリができて、そのシコリはなかなか取れません。

　言葉遣いは人間関係に大きく影響しますし、それはいかなる言語にも当てはまります。依頼であれ、クレームであれ、人間関係を損なわないように伝えることはとても重要ですが、そういうときに必要になってくるのが、品格ある英語なのです。

　読者の皆さんが、本書を契機として丁寧で品格ある英語表現を身に付けられ、英語を通じて、よりよい人間関係を築いていただけたら、それにまさる喜びはありません。

2020年4月
国際ジャーナリスト
大野 和基

Contents

機能別!
品格あるビジネスフレーズ×180

CHAPTER 1
挨拶や決まり文句 ……9

CHAPTER 2
情報を引き出す・確認する ……23

CHAPTER 6
交渉（価格交渉、無理なお願いなど）……123

CHAPTER 7
文化的・社会的背景に関する……137
知識が必要な話題

対談
ロッシェル・カップ×大野和基……143

品格ある英語表現を日本人が学ぶ意義とは？

本書の構成と使い方

機能
機能とは、それぞれのフレーズを通じて達成したい目的です。機能は全部で60です。

Situation
各フレーズを使う具体的なシチュエーションです。

初〜上級編の英文フレーズの音声をダウンロードできます。(詳しくはp.8参照)。

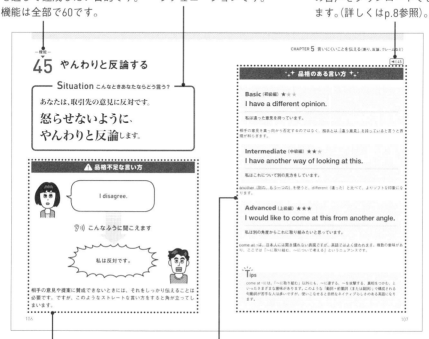

品格不足な言い方
悪い言い方の例です。命令口調で失礼だったり、簡潔すぎて相手をがっかりさせるようなフレーズです。

品格のある言い方
ビジネスシーンで使えるフレーズをレベルごとに紹介しています。

• Basic(初級編)
シンプルでも十分丁寧に聞こえる基本フレーズです。

• Intermediate(中級編)
語彙や文構造の難度を少し上げ、洗練された雰囲気を加えたフレーズです。

• Advanced(上級編)
ネイティブスピーカーが使う難度の高い語彙や文構造を使い、さらに文を長くすることで、非常に洗練された印象を与えるフレーズです。

※相手がネイティブスピーカーでない場合は、上級編は難しすぎるかもしれませんので、誤解を避けるために初級編か中級編をおすすめします。

Tips
品格ある英語を話すためのコツやテクニックをご紹介しています。

◀)) 01 音声ダウンロードのご案内

　本書の学習に必要な音声（MP3形式の音声ファイル）はパソコンまたはスマートフォンでのダウンロードが可能です（どちらも無料です）。

　各音声を聞く際には、◀)) 01 で示された番号（01など）と合致するファイル名のものを再生してください。

パソコンをご利用の場合

1 アルクのダウンロードセンター（https://www.alc.co.jp/dl/）にアクセスしてください。

2 書名または商品コード（7020032）で検索してください。

3 該当ページのリンクからzipファイルをダウンロードし解凍すると、MP3ファイルが現れます。

スマートフォンをご利用の場合

スマホで音声の再生ができるアプリ「語学のオトモALCO」をご利用ください。秒数指定巻き戻し、早送り、話速変換、AB間リピートなど、英語学習に最適な機能を装備しています。

1 スマートフォンでApp Store（iPhone）かGoogle Play（Android）にアクセスし、「語学のオトモALCO」をダウンロード、インストールしてください。

2 「語学のオトモALCO」からアルクのダウンロードセンターにアクセスしてください。

3 書名または商品コード（7020032）で検索してください。

4 該当ページのリンクからzipファイルをダウンロードしてください。ファイルは自動で解凍され、「語学のオトモALCO」で再生できるようになります。

> ※「ダウンロードセンター」およびアプリ「語学のオトモALCO」のサービス内容は、予告なく変更する場合がございます。あらかじめご了承ください。

CHAPTER

1

挨拶や決まり文句

ビジネスをスムーズに進めるためにも
挨拶や決まり文句はスマートに決めて
相手に良い印象を残したいところ。
使いまわせるものばかりなので
しっかり覚えてしまうのが得策です。

01 知り合いに挨拶をする

— Situation — こんなときあなたならどう言う？

あなたは、**何回か会ったことがある**取引先の人と、**会議で再会した**ので、挨拶をします。

⚠ 品格不足な言い方

> Hello.

👂)) こんなふうに聞こえます

> こんにちは。

せっかく再会できたのに、これではさすがに短すぎて素っ気ない印象です。相手のことを覚えていないかのように聞こえて、失礼になる可能性もあります。

✦✦ 品格のある言い方 ✦✦

Basic（初級編）★★★

Nice to see you again.

またお会いできてうれしいです。

再会した人には、間違ってもNice to meet you.と言ってはいけません。会ったことをすっかり忘れて「初めまして」と挨拶していることになります。2回目以降に会う人にはseeを使いましょう。againを付けると、「また会えたことがうれしい」というニュアンスになります。

Intermediate（中級編）★★☆

It's good to see you again. How are you?

またお会いできてうれしいです。お元気ですか。

再会できた喜びを伝えた後に近況を尋ねます。親しい相手であれば、How's it going?（調子はどうですか）という、もっとカジュアルな言い方も使えます。

Advanced（上級編）★★★

Long time no see! How have you been?

お久しぶりです！　お元気でしたか？

会うのが久しぶりだったらLong time no see!という挨拶がぴったりです。How have you been?は、会わない間も元気でしたかと尋ねる表現です。両方ともとても自然でネイティブらしい言い方です。

―機能― 02 初めて実際に会って挨拶をする

Situation こんなときあなたならどう言う？

あなたが**何度もメール**をやりとりしていた取引先の担当者と**初めて顔を合わせる**ことになりました。

⚠ 品格不足な言い方

I am Yumiko.
Thank you.

🔊)) こんなふうに聞こえます

ユミコです。
ありがとうございます。

ちょっと簡潔すぎる印象ですし、何に感謝しているのかも不明確です。相手はあなたに会うことを楽しみにしてくれているかもしれません。素っ気ない挨拶をして、がっかりさせないようにしましょう。

✦ 品格のある言い方 ✦

Basic（初級編）★★★

My name is Yumiko. Nice to finally meet you.

私の名前はユミコです。やっとお会いできてうれしいです。

教科書で習ったはずの基本フレーズにfinallyを追加しています。やっと会えるという場合は、finallyという表現がぴったりです。にこやかに、会えてうれしいという気持ちを伝えましょう。

Intermediate（中級編）★★★

I'm Yumiko.
I'm so glad to finally meet you in person.

ユミコです。やっと直接お会いできてうれしいです。

in personは「本人が直接に、顔を突き合わせて」というニュアンスです。例えばインタビューを申し込むとき、電話ではなく直接会いたい場合にI would like to interview you in person.（あなたに直接お会いしてインタビューしたいと思います）などと言います。

Advanced（上級編）★★★

I'm Yumiko.
I'm so glad to finally put a face with the name!

ユミコです。ついに顔と名前が一致してとてもうれしいです！

put a face with the name（顔と名前が一致する）は、put a face to the name、put the name to a faceと言い換えることもできます。長くやりとりしていた相手に初めてお会いするシチュエーションにぴったりの表現です。

新担当者として自己紹介をする

── **Situation** こんなときあなたならどう言う？ ──

人事異動があって、あなたは前任者から

クライアントを引き継ぎました。
新担当者として挨拶します。

⚠ 品格不足な言い方

> I am your account manager.
> I will do my best.

👂)) こんなふうに聞こえます

> 私が御社のアカウント・マネージャーです。
> 最善を尽くします。

日本の企業は人事異動が多いので、クライアントに業務引き継ぎの挨拶をする機会は少なくないでしょう。この挨拶だと、前任者がどうなったのかという情報もなく、何に最善を尽くすつもりなのかも不明確です。

🔊 03

✦ 品格のある言い方 ✦

Basic（初級編）★★★

I am your new account manager.
I will do my best to support your company.

私が御社の新しいアカウント・マネージャーです。御社をサポートするために最善を
尽くします。

左の例と似ているようですが、newが入っていることで新しい担当者であるということがしっ
かり伝わるので、相手が感じる印象は大きく変わります。

Intermediate（中級編）★★☆

I'm the new account manager for your company. I will use my long experience to provide you with good service.

私が御社の新しいアカウント・マネージャーです。長年の経験を生かして御社に良い
サービスを提供します。

長い業務経験があると伝えることで、クライアントに安心感を与えることができます。

Advanced（上級編）★★★

I have been assigned as the new account representative for your company. I bring to the table many years of experience in this industry. I'm looking forward to continuing the work of my predecessor and providing you with the highest quality service.

私が御社の新しい営業担当者に任命されました。この業界での長年の経験を生かし
ます。前任者の仕事を継続し最高品質のサービスを御社に提供することを楽しみにし
ています。

かなり長いと感じるかもしれませんね。英語は、より具体的で、詳細で、難しい表現を使うこ
とで洗練された印象を与えるのです。

04 プレゼントを渡す

Situation こんなときあなたならどう言う?

あなたが**海外出張**で訪れた取引先の担当者がいろいろと手配してくれました。**お礼のプレゼント**を渡します。

⚠ 品格不足な言い方

> It's very small but please take this.

👂)) こんなふうに聞こえます

> 非常に小さなものだけど、これを取って。

「つまらないものですが」という日本語の表現に影響されて、謙遜しすぎてしまうのはよくありません。また、take は直接的で「これを取れ」というような上品さが足りない表現に聞こえてしまいます。

🔊)) 04

✦✦✦ 品格のある言い方 ✦✦✦

Basic（初級編）★★★

Please accept this gift.

この贈り物をお受け取りください。

シンプルですが丁寧な表現です。I brought you a gift.（あなたに贈り物を持ってきました）、This is a gift for you.（あなたへの贈り物です）、とも言えます。

Intermediate（中級編）★★★

I hope you enjoy this. It's from my hometown.

これを楽しんでいただけるといいのですが。私の故郷のものです。

贈り物に関するちょっとした説明があると、より心がこもっている印象になります。

Advanced（上級編）★★★

This is just a small token of my appreciation for all of your help this year. It's a traditional sweet from my hometown.

これは今年のあなたのご支援すべてに感謝するほんの小さな贈り物です。私の故郷の伝統的なお菓子です。

token（しるし、記念品、土産）は、ちょっとしたいいもの、自分の気持ちを表すもの、というニュアンス。謙遜しつつも贈り物に上品な印象を与えます。

ips

欧米のビジネスシーンでも出張などで手土産を渡すことはよくあります。お菓子だったらチョコレートやナッツなど無難なものを渡すのが一般的です。日本のお菓子も喜ばれると思いますが、あんこは苦手な外国人が多いので避けた方がいいかもしれません。

05 別れ際に挨拶をする

── Situation こんなときあなたならどう言う？

あなたは**海外出張**で1週間、アメリカに
滞在しました。いろいろと協力してくれた人に
別れ際に挨拶をします。

⚠️ 品格不足な言い方

> Thank you. Goodbye.

🔊)) こんなふうに聞こえます

> ありがとうございました。
> さようなら。

短すぎて丁寧さが感じられないのでおすすめできません。自分のために時間や労力を割いてくれた人に対しては、日本語でも「いろいろとお世話になりました」と感謝を伝えますよね。英語でもそれは必要です。

◀)) 05

✦✦ 品格のある言い方 ✦✦

Basic（初級編）★★★

Thank you for everything. I hope to see you again.

すべてに感謝します。またお会いしたいです。

簡単ですが、幅広く使える丁寧な表現です。

Intermediate（中級編）★★★

Thanks so much for all of your help during my stay.
I hope that we can meet again sometime soon.

私の滞在中のあなたのご支援すべてに大変感謝します。近いうちにまた会えることを願っています。

情報量が豊富になった分、より丁寧に、より洗練された印象になっています。

Advanced（上級編）★★★

I really appreciate all of your support and assistance during the past week. I hope that our paths will cross again soon!

先週のあなたのサポートやご支援すべてに本当に感謝します。またそのうちにお会いできることを願っています！

our paths will cross againは「私たちの道が再び交差する」から転じて「またご縁があるといいですね」「またお会いできるといいですね」という意味でよく使います。

Tips

挨拶の丁寧さは業界によって違うこともあります。例えばサンフランシスコのベンチャー企業なら、別れ際にHave a nice one.（良い一日を）、Take care.（気を付けてね）、などとカジュアルに言うかもしれません。その場合はYou, too.（あなたも）と返しましょう。

―機能―
06 体調を気づかう

Situation こんなときあなたならどう言う？

体調を崩した同僚から、仕事を休む と連絡がありました。早く良くなって くださいという気持ちを伝えます。

⚠ 品格不足な言い方

Get well soon.

👂⟩⟩ こんなふうに聞こえます

早く治ってよ。

「早く良くなってね」という気持ちで言ったとしても、「早く治って、仕事に戻ってよ」というような圧迫感のある命令のように受け取られかねない表現です。Please を頭に付けたとしてもその印象は変わりません。

✧⁺ 品格のある言い方 ✧⁺

Basic（初級編）★☆☆

I hope you feel better soon.

あなたがすぐに良くなりますように。

難しい表現ではないですが、これなら「早く回復してほしい」という気持ちが伝わります。

Intermediate（中級編）★★☆

I'm so sorry to hear you aren't feeling well.
I hope you feel better soon.

気分が良くないと聞いてとてもお気の毒に思っています。あなたがすぐに良くなりますように。

sorry to hear ~（～を聞いて気の毒に思う）の一文を追加することで、より心がこもった表現になります。日本人の英語の欠点の一つに「短すぎること」が挙げられます。文章の長さも丁寧さにつながると覚えておきましょう。

Advanced（上級編）★★★

I'm so sorry to hear you are under the weather.
Wishing you a speedy recovery.

気分が良くないと聞いてとてもお気の毒に思っています。あなたの速やかな回復を祈っています。

under the weather（気分や具合が良くない）は、out of sorts（元気がない）と言うこともできます。どちらも同じぐらいの頻度で耳にする表現です。丁寧さとともに洗練された雰囲気で気持ちを伝えたいときは使ってみてください。

海外出張に複数のアポを入れ込むテクニック

　私は取材で頻繁に海外出張するが、エア代、ホテル代などかなりの経費がかかるし、体力的なことを考えても、一度の出張に複数の取材を入れ込むことが望ましい。だが、取材相手はノーベル賞受賞者、著名な学者、人気作家などが多いので、基本的には相手の都合に合わせるのが大原則となる。そのため、取材前のアポの取り方が重要となってくる。そのコツをご紹介しよう。

　取材依頼のメールは、複数のアポを一度の渡航に入れ込むための重要なステージである。ここでは具体的な日付を提示しない方がいい。とりあえず、I am thinking about flying to the US this coming November.（次の11月にアメリカに行こうと考えています）というように大まかな予定を伝え、If you could kindly provide me with the dates when you would be available during November, I will suggest one that best fits my schedule.（11月中でご都合の良い日付をお知らせいただければ、私のスケジュールに最も合う日付を選ばせていただきます）と続ける。すると、複数の候補日をもらうことができるのだ。こうして、アポを取りたい相手から、それぞれ複数の候補日をもらうことで、いつ、どこで、誰を取材するか、計画を立てることができる。

　メールの最後にはOnce my schedule firms up, I will let you know.（スケジュールが固まったら、お知らせします）と書く。firm upは「固まる、（相場が）持ち直す、〜を固める」という意味の、とても便利な句動詞なのでぜひ覚えておいてほしい。My vacation plans firmed up, so I bought my airline tickets.（休暇の計画が固まったので、航空券を購入した）、I want to firm up our vacation plans before I call the travel agent.（旅行会社に電話する前に休暇の計画を固めたい）というふうに使うことができる。（大野和基）

CHAPTER

2

情報を引き出す・確認する

都合の良い日時を聞いたり
詳細情報を求めるなど
情報を得るために役立つ表現です。
相手の発言内容や、相手の理解を
確認するための表現もかなり重要です。

07 都合の良い日時を聞く（1）

— Situation こんなときあなたならどう言う？

あなたは取引先の担当者と

話したいことがあるので、
都合の良い時間を聞きます。

⚠ 品格不足な言い方

> When can we talk?

👂)) こんなふうに聞こえます

> いつ話せる？

短く直接的すぎてぶっきらぼうな印象を与えてしまいます。いら立っているようにも聞こえますので、丁寧だとは言いにくいです。

🔊)) 07

✦ 品格のある言い方 ✦

Basic（初級編）★★★

When would be a good time for you to talk?

お話しするのにあなたのご都合の良い時間はいつでしょうか？

時間ではなく都合の良い日付を聞きたいときはIs there a day that would work for you?（あなたの都合の良い日はありますか？）と言えばよいでしょう。

Intermediate（中級編）★★★

Please let me know when would work best for you to talk.

あなたにとって話すのにいつが最もご都合が良いか教えてください。

Please let me knowの代わりにPlease tell meも使えます。workは、What time works?（何時が都合が良いですか？）などのように、「都合が良い」という意味で非常によく使います。

Advanced（上級編）★★★

Let's talk sometime next week. When might be the most convenient time for you to talk? Generally, mornings work best for me.

来週のどこかでお話ししましょう。あなたにとってお話しするのに最も都合の良い時間帯はいつですか。通常、私は朝が最も都合が良いです。

自分の希望も知らせることで、相手が決めやすくしています。特定の日時を相手に提案したい場合は、How about the 4th of December?（12月4日はいかがですか？）、How about 3 o'clock?（3時はいかがですか？）などと言うことができます。

Tips

「話したいことがある」と伝えるためにWe need to talk.と言うと、相手は何か重大な話を聞かされると覚悟します。気軽に使う表現ではないので注意してください。普通の話題であればLet's talk about~.（～について話しましょう）などと言いましょう。

08 都合の良い日時を聞く（2）

── **Situation** こんなときあなたならどう言う？ ──

あなたは同僚に、ある**作業の手伝い**

をお願いしたいと考えています。

いつなら空いているかを尋ねます。

⚠ 品格不足な言い方

> When can you help?

👂)) こんなふうに聞こえます

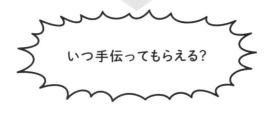

> いつ手伝ってもらえる？

当然手伝ってもらえるという前提で「いつ？」と聞いているような、図々しい印象を与えてしまいます。お願いするのですから、まずは自分の状況や、あなたに手伝ってもらいたいという気持ちを伝える必要があります。

◀)) 08

✧✦ 品格のある言い方 ✦✧

Basic（初級編）★★★

I would like your help on something.
When do you have time?

- -

あなたに手伝っていただきたいことがあります。いつなら時間がありますか。

「月曜日なら空いています」と答えるなら、Monday would work for me. How about you?（私は月曜日の都合が良いです。あなたはいかがでしょうか？）と言うことができます。

Intermediate（中級編）★★☆

I need your assistance with a project.
When would be convenient for you to meet?

- -

プロジェクトに関してあなたの支援が必要です。お会いするのにいつでしたらご都合がよろしいでしょうか。

helpもassistanceも「支援、手伝い」の意味ですが、assistanceの方が少し洗練された印象を与えます。

Advanced（上級編）★★★

I'm working on something that I think would benefit from your input.
Let's find a mutually convenient time to meet and talk about it. When might you be available?

- -

私はあなたからのアドバイスが大変有効だと思うことに取り組んでいます。それについてお会いして話し合うためにお互いに都合の良い時間を見つけましょう。あなたはいつ空いていらっしゃいますでしょうか。

inputはここでは「情報・アドバイスなどの提供」という意味。available（手が空いている）は、日本人はあまり使いこなせていない印象がありますが、非常によく使う便利な形容詞です。

ー機能ー
09 いつから作業できるか聞く

Situation こんなときあなたならどう言う?

あなたは取引先に**仕事を発注**しました。

なるべく早く進めてもらうべく、

いつから作業できるかを尋ねます。

⚠ 品格不足な言い方

> We are in a hurry.

🦻)) こんなふうに聞こえます

> 私たちは急いでいます。

急ぎの仕事を発注しなければならないことはビジネスでは起こりうることですが、自分の都合だけを一方的に伝えて相手にプレッシャーをかけるのはNGです。まずは相手の都合を聞きましょう。

✦ 品格のある言い方 ✦

Basic（初級編）★★★

When can you start?

いつから始められますか？

ややストレートな聞き方ですが、相手の都合への配慮が感じられ、失礼になることはありません。

Intermediate（中級編）★★★

When do you think you will be able to get started?

いつから始められると思いますか？

do you think... （……と思いますか）を挟むと、丁寧な印象になります。またbe able to ~ （～することができる）を使うと canより洗練されたイメージになります。

Advanced（上級編）★★★

We're eager to begin quickly. When do you anticipate being able to begin work on this?

私たちはぜひとも急いで始めたいと思っています。この作業をいつ開始できると予想しますか？

be eager to ~ （しきりに～をしたがっている）とanticipate （～を予想する）は、どちらもやや難しく洗練された語句で、使いこなせるとぐっと品格が上がります。

10 理由を問う

── Situation こんなときあなたならどう言う?

あなたの部下が意外なほど

悪い営業成績を報告してきました。

その理由を尋ねます。

⚠ 品格不足な言い方

How come?

🎧)) こんなふうに聞こえます

どうして?

とてもぶっきらぼうで、礼儀正しい表現ではありません。こんな言い方をしたら部下はやる気を失うかもしれません。相手が部下であれ同僚であれ、丁寧な話し方をするのは英語でのコミュニケーションの基本です。

✦ 品格のある言い方 ✦

Basic（初級編）★★★

Please explain why.

理由を説明してください。

理由を聞く礼儀正しい表現です。whyは冒頭に入れると「なぜ？　どうして？」と責めているように聞こえてしまうことがありますが、この例文のように文章の途中や最後に入れることで柔らかい印象になります。

Intermediate（中級編）★★★

Can you tell me more about the reason for that?

その理由についてもっと教えてくれますか。

内容は初級編とほぼ同じですが、Can you...?は、Pleaseよりも丁寧なお願いの仕方です。また、少し長い文章にすることで洗練された表現になっています。reason for ~（～の理由）の代わりにreason behind ~を使うこともできます。

Advanced（上級編）★★★

I'm surprised to hear that. I'd like to understand the reason for that. Could you please tell me why?

それを聞いて驚きました。その理由を理解したいと思います。なぜなのかを教えていただけますか。

「自分がどう感じたかを示す」「理由を理解したいと伝える」「理由を教えてもらうよう頼む」という３つの文章に分けることで、より洗練された、品のある言い方になっています。また、ここでもwhyが最後に入っているので「なぜ？」と圧力をかけるニュアンスにはなっていません。

11 詳しい情報を引き出す

Situation こんなときあなたならどう言う?

あなたは、**あるサービス**に関して

問い合わせをしました。概要を聞き興味を持ち、

詳細情報の提供を依頼します。

⚠ 品格不足な言い方

I want more
information.

🔊)) こんなふうに聞こえます

もっと情報をくれ。

want を使うと、直接的すぎてぶっきらぼうな印象を与えます。more information だけだと、どのような情報を求めているのかが伝わりません。希望とは違う資料が届く可能性もあり、双方の時間や労力が無駄になってしまいます。

✦ 品格のある言い方 ✦

Basic（初級編）★★★

I would like to hear more details.

....

さらなる詳細を聞きたいです。

would like to ~（〜したい）は、基本的ですがビジネスに相応しい丁寧な表現です。more details（さらなる詳細）は、see our website for more details（さらなる詳細を得るために当社のウェブサイトを見てください）などのように使います。

Intermediate（中級編）★★★

What you just explained is very interesting. Please tell me more about A and B.

....

あなたが今説明したことは非常に興味深いです。AとBについてもっと教えてください。

まずは興味を持ったことを伝え、次に何に関する詳細が欲しいのかをしっかり伝えているので、相手にとってより親切な表現になっています。

Advanced（上級編）★★★

I'm intrigued by what you have told me so far. Can you elaborate? I'd like to hear more about A and B specifically.

....

あなたがこれまでに私に言ったことに興味を持っています。さらに詳しく説明してくれますか？　特にAとBについてもっと知りたいです。

be intrigued by ~（〜に興味をそそられる）はbe interested in ~と意味はほぼ同じですが、難しい分だけ洗練された印象を与えます。elaborateは「さらに詳しく説明する」という意味です。

―機能―
12 もう一度言ってもらう

Situation こんなときあなたならどう言う？

取引先数人との**電話会議**で、

相手の話すスピードが速く理解しづらいので、

もう一度言ってもらえるよう頼みます。

⚠ 品格不足な言い方

What was that?

🔊)) こんなふうに聞こえます

何だって？

相手が何かおかしな発言をしたのを聞いて「何だって？」と問いただすようなニュアンスを含んでいます。ぶっきらぼうな印象を与えてしまいますし、変なことを言ったという指摘にも聞こえます。

🔊 12

✦ 品格のある言い方 ✦

Basic (初級編) ★★★

Could you back up a bit?

話を少し戻していただけますか？

back upには「話を前に戻す」という意味があり、こういう状況で便利に使えます。

Intermediate (中級編) ★★★

I didn't quite catch the last thing you said. Could you please repeat it?

あなたが最後に言ったことがよく分かりませんでした。繰り返していただけますか？

catch（〜を把握する、つかむ）を使って、I didn't catch~というときは、「聞こえなかった」と「理解できなかった」の両方の意味が含まれます。もしかしたら速すぎたかな、分かりづらかったかなと察してもらえます。quiteは「しっかり、完全には」という意味。

Advanced (上級編) ★★★

Can we backtrack a few steps? I want to make sure that I've understood you correctly.

話を何段階か戻してもよろしいでしょうか？　私があなたを正しく理解していることを確かめたいと思います。

backtrackは日本人にはややなじみが薄い表現かもしれませんが、back upとほぼ同じ意味で、「来た道をそのまま戻る、同じ道を引き返す」ことを表します。make sure...は「……を確かめる」。

―機能―
13 相手の発言内容を確認する

Situation こんなときあなたならどう言う？

あなたは電話相手の発言を**部分的にしか聞き取れなかった**ので**発言内容を確認**します。

⚠ 品格不足な言い方

> I don't understand.

👂)) こんなふうに聞こえます

> 分かりません。

相手はこう言われても、「ではどうすればいいのか」と戸惑ってしまいます。また「英語があまり得意ではない」という意味にも取れるので良い印象を与えません。

✦✦ 品格のある言い方 ✦✦

Basic（初級編）★★★

Did you mean that…?

あなたが言ったのは……という意味ですか？

自分の理解が正しいかどうかを相手に確認できる便利な表現です。Did you mean that I should attend the meeting?（あなたが言ったのは私が会議に出るべきだという意味ですか？）などのように使います。You mean that...?（あなたは……と言っているのですか？）と確認することもできます。

Intermediate（中級編）★★★

I think you said…. Is that what you said?

私はあなたが……と言ったと思います。それはあなたが言ったことですか？

まず1文目で相手の発言をまとめ、2文目で、その解釈が正しいかどうかを聞く、というセットになった表現です。2つの文に分けることで少し洗練された雰囲気が出ます。

Advanced（上級編）★★★

I'd like to check to make sure I understand you correctly. It sounded to me like you said…. Is that right?

私があなたを正しく理解しているかどうか確認させていただきたいです。あなたは……と言ったように私に聞こえました。それは正しいでしょうか？

自分の理解度を確認したいという丁寧な前置きを追加することで、さらに洗練された表現になっています。It sounded to me like you said...は便利な表現なので覚えておきましょう。

—機能— 14 相手が誤解していないか確認する

Situation こんなときあなたならどう言う？

あなたは、自分の発言が相手に

正しく**伝わっているか心配**になったので、**誤解がないかを確認**します。

⚠ 品格不足な言い方

> Do you understand me?

👂)) こんなふうに聞こえます

> 私の言っていること、分かる？

上から目線で相手の理解度を疑っているような失礼な言い方です。ネイティブスピーカーでない人は、誤解がないかを確認する機会は多いので、相手の機嫌を損ねる心配のない正しい言い方をマスターしてください。

✦ 品格のある言い方 ✦

Basic（初級編）★★★

I'm not sure if I explained it well.
Please tell me what you understood.

私がうまく説明できたか自信がありません。あなたが理解したことを私に教えてください。

「自分の説明に自信がないので」と前置きすることで謙虚な印象を与えます。理解した内容を相手に説明してもらえるおすすめの言い方です。2文目はPlease tell me what you heard.（あなたが聞いたことを私に教えてください）と言うこともできます。

Intermediate（中級編）★★☆

I would like to check to see if I explained myself well.
Please share with me what you understood.

自分自身でうまく説明できたかどうかを確認させていただきたいと思います。あなたが理解したことを私と共有してください。

初級編と同じ内容ですが、表現を少し複雑にすることで洗練された印象になります。

Advanced（上級編）★★★

I'm sorry, but I'm not completely confident in my ability to explain things well. I'd like to make sure that you got it. Could you repeat back to me your understanding of what I said?

申し訳ありませんが、うまく説明する自分の能力に完全には自信がありません。あなたが理解したことを確認させていただきたいです。私の発言についてあなたが理解されたことを私に繰り返していただけますか？

3つの文に分けて、「説明に自信がない」「確認したい」「繰り返してほしい」ということを丁寧に伝えています。repeat backは「～を復唱する、繰り返す」という意味です。

ー機能ー
15 要点を明確にする

> ── **Situation** こんなときあなたならどう言う？
>
> あなたは部下から仕事の相談を
> 受けています。**要点を明確にする**
> ために**部下に質問**をします。

⚠️ 品格不足な言い方

What is your point?

🦻⟩⟩ こんなふうに聞こえます

論点は何？

要点を明確にしたいだけだったとしても、この言い方では「何を言っているか分からないよ」というニュアンスで、責めたり、いら立ったりしている印象です。相談しに来た部下をがっかりさせてしまう心配があります。

✦ ✦ 品格のある言い方 ✦ ✦

Basic（初級編）★★★

Could you please summarize?

要約していただけますか?

相手の話の筋が分からないときに使えるとてもいいフレーズです。これなら相手をがっかりさせることもありません。聞かれた本人も、要約しながら頭を整理できるという利点があります。話が長い人に対して特に効果的な表現で、会議中に使うこともできます。

Intermediate（中級編）★★★

I'm not sure I understood your main point. I would appreciate it if you could restate it a little more clearly.

あなたの要点を自分が理解したかどうか自信がありません。もう少し明確にもう一度述べていただければ幸いです。

「自分が理解できたか分からない」という前置きをすることで、謙虚な印象を与えます。restate は「(より明確にするために) 言い直す」という意味です。こう頼めば別の言葉でもう一度説明してもらえるので、理解しやすくなります。

Advanced（上級編）★★★

Let me make sure I've understood your main point. You are saying that….

私があなたの要点を理解したことを確認させてください。あなたは……と言っています。

相手の発言を自分で要約できる場合は、この表現がよいでしょう。Let me make sure (私に確認させてください) はさまざまなシーンで使えるとても便利な表現です。

「ゆっくり話してもらえますか」で
怒る人もいる

　日本人が最も苦手なのは、機関銃のようにしゃべりまくる人の英語を聞き取ることだ。小説『ダ・ヴィンチ・コード』などで知られるベストセラー作家ダン・ブラウン氏は早口である。来日時、私の１つ前の取材者は通訳を通してインタビューしたが、氏がしゃべるのが速すぎて訳せないことがあった。たまりかねて「ゆっくり話してほしい」と言ったとたんに機嫌が悪くなり、中身のないインタビューになってしまったらしい。話す速度は思考の速度と言われる。ゆっくり話してと頼むことは、相手に思考の速度を下げてと言っているのと同じなのだ。2008年にノーベル経済学賞を受賞したポール・クルーグマンは私とは友人と言ってもいいくらいの間柄だが、彼もまた早口で、ゆっくり話してくれと言われるといらいらすると言ったほどだ。相手を怒らせてしまったら元も子もない。気分を害しそうであれば「ゆっくり話して」とお願いするのは控えた方がよいだろう。

　私もアメリカに留学した当初は、学生同士の俗語だらけの早い会話についていくのにいささか苦労した。ゆっくり話してくれと言っても、一向に速度を落とす気配はなかった。彼らにとって英語は母語なので、それが聞き取れないということが理解できないのである。逆に日本在住のアメリカ人やイギリス人は、日本人を相手に話すことが多いため、普段話す速度が遅くなってしまっている。彼らはたまに母国に帰省すると「なぜあなたはそんなにゆっくり、はっきりと発音するのか」と家族に指摘されて初めて、自分の英語が日本人仕様になっていることに気付くそうだ。

　ちなみに、日本人の悪い癖は相手が話している間に声を出して相槌を打つことだ。相手の思考を途切れさせないためには、相手が話しているときは首を縦に振るにとどめ、話の最後まで黙って聞くことを心がけよう。（大野和基）

CHAPTER

3

会話術・ディスカッション術

意見を提案したり、議論をまとめたり
雑談の輪に入ったりするのには
それぞれ適切な言い方があります。
会話や議論をうまく進めるための
テクニックを身に付けてください。

16 席を外していると伝える

Situation こんなときあなたならどう言う?

あなたはオフィスで**電話を取り**ました。

取り次いでほしいと言われた

同僚が**席を外している**と伝えます。

⚠ 品格不足な言い方

He's not here.

🎧)) こんなふうに聞こえます

彼はここにいない。

絶対にダメという表現ではないですが、ぶっきらぼうで丁寧さが足りない印象を与えます。情報量が少なく、少し席を外しているのか、オフィスにいないのかも分からないので、電話をかけてきた人の助けになりません。

✦ 品格のある言い方 ✦

Basic (初級編) ★★★

He is away from his desk.

彼は席を外しています。

away from ~ (~を離れて) は、覚えておくと便利な表現です。away from his desk (席を外している)、away from the office (オフィスにいない)、away from home (家にいない) といった使い方ができます。

Intermediate (中級編) ★★★

He is away from his desk right now.
May I give him a message?

彼はちょうど今席を外しています。彼にメッセージを伝えましょうか?

right (ちょうど、すぐに) を使うと、ネイティブらしい表現に近づきます。right nowは「ちょうど今」、right thereなら「すぐそこ」になります。後半は、May I take a message for ~? (~へのメッセージを承りましょうか) と言ってもOK。伝言の提案までできれば、電話の取り次ぎは完璧です。

Advanced (上級編) ★★★

Unfortunately, he is not available at this moment.
Would you like to leave a message for him?

残念ながら、彼は現在のところ電話に出られません。彼にメッセージを残されますか?

availableは非常に使い道の多い形容詞で、「電話などに出られる」という意味があります。例文のhe is not availableからは「彼は電話に出られる状態ではない」ということが伝わります。丸ごと覚えてしまうと便利な表現です。

17 後日連絡すると伝える

Situation こんなときあなたならどう言う?

取引先からプレゼンの提案を受けましたが

明日から不在なので「**出張から**

戻ったら連絡します」と伝えます。

⚠ 品格不足な言い方

> I'm going on a trip.

🔊)) こんなふうに聞こえます

> 私は旅行に出る予定です。

「戻ったら連絡する」旨を伝え忘れています。このように説明が不足してしまうと、自分がどうしたいのか、相手にどうしてほしいのかが十分に伝わりません。

◀)) 17

✦✧ 品格のある言い方 ✦✧

Basic（初級編）★★★

I'm interested in your presentation but I'm about to go out of town. I'll contact you when I return.

あなたのプレゼンに興味がありますが、私は町から出るところです。戻ったら連絡します。

be about to ~は「（これからすぐに）～するところだ」、go out of townは「町から出る、旅行に行く」です。伝えるべきことを一つ一つシンプルに表現しています。

Intermediate（中級編）★★☆

Thank you for suggesting it, and I would like to hear your presentation. However, I'm about to leave on a 10-day business trip. I'll get in touch with you once I return.

ご提案ありがとうございます、あなたのプレゼンを聞いてみたいです。しかしながら、私は10日間の出張に出掛けようとしています。戻った時点で連絡いたします。

however（しかしながら）は、同様の意味のbutより洗練された単語です。また、get in touch with ~（～と連絡を取る）は、contactより洗練された表現です。

Advanced（上級編）★★★

I appreciate your suggestion, and I would indeed like to hear your presentation. However, I'm just about to depart on a business trip. I'll be gone a week. I'll touch base with you when I'm back in the office, and we can put something on the calendar then.

ご提案に感謝いたしますし、あなたのプレゼンをとても聞いてみたいです。しかしながら、私はちょうど出張に発つところです。1週間不在になります。オフィスに戻ったら連絡いたします、そうしたら私たちの予定も立てられますね。

touch base with ~（～と連絡を取る）、put something on the calendar（予定を立てる）はどちらも普段の会話で使われる、ネイティブらしさを感じさせる表現です。

18 「なんとかします」と言う

Situation こんなときあなたならどう言う？

あなたが取引先に**納品した商品**に**問題**が見つかり、安心してもらうため「**なんとかします**」と伝えます。

⚠ 品格不足な言い方

> Let me see.

 こんなふうに聞こえます

> ええと。

ぼんやりした受け答えで、問題を解決しようという積極性が感じられません。これでは、取引先も安心した気持ちにはなれないでしょう。

✦ 品格のある言い方 ✦

Basic（初級編）★★★

I will investigate and then call you.

私が調査してからあなたに電話します。

簡潔ながら具体的な対応方法をきちんと伝えており、十分丁寧です。

Intermediate（中級編）★★★

I will look into it and then contact you.

私がこれを調査してからあなたに連絡します。

「調べる」を表現するのにlook intoが使われています。investigateよりもlook intoの方がより
ネイティブらしいこなれた表現です。

Advanced（上級編）★★★

Let me see what I can do about this.
I'll look into it and get back to you.
Don't worry. We'll get this taken care of.

これに対して私が何ができるか調べてみましょう。私がこれを調査してからあなたに
折り返し連絡いたします。ご安心ください。私たちが対処して解決します。

get back to ~（~に折り返し連絡する）は、よく使われる表現です。ややフォーマルなメール
などでは、get back toの代わりにrevert toを使うこともあります。get back at ~ は、似たよ
うに見える表現ですが、「~に復讐する」という意味なので混乱しないようにしましょう。最後
の文で何らかの解決を約束しており、相手に安心感を与えています。

19 「聞かなかったことにしましょう」と言う

— Situation こんなときあなたならどう言う？

取引先がこちらを信用して

裏事情を教えてくれたので、コメントを返します。

⚠ 品格不足な言い方

> Wow, really?

🦻)) こんなふうに聞こえます

> うわー、本当ですか？

このようなコメントを返したら、相手は不安になり話したことを後悔するかもしれません。他言しないことを伝えましょう。また、Really?（本当？）には、相手を疑うニュアンスもあるので使いすぎに気を付けてください。

🔊 19

✦✦ 品格のある言い方 ✦✦

Basic（初級編）★★★

Thank you for telling me.
I won't mention it to anyone else.

教えてくれてありがとうございます。他の誰にも言いません。

裏事情を教えてくれたことへの感謝と口外しない意思を、分かりやすくシンプルに伝えています。

Intermediate（中級編）★★★

I appreciate your confidence.
I won't repeat this to anyone.

あなたの信頼に感謝します。誰にもこのことを伝えません。

appreciate（～に感謝する）、confidence（信用、信頼）など、初級編より少し難しい言葉を使って感謝と口外しない旨を伝えています。ここでのrepeatは「聞いたことを他の人にそっと伝える」という意味です。

Advanced（上級編）★★★

I appreciate your sharing that with me.
My lips are sealed.

そのことを私と共有してくれて感謝します。秘密にします。

My lips are sealed.は「私の唇は封がされている」が転じて「秘密にする」という意味です。同じ意味でMum's the word.（黙っておくよ／おけよ）という言い方もあります。このようなちょっとスパイスの利いた表現を取り入れると、より洗練された印象になります。なお、ネイティブ同士であればI didn't hear it.（聞かなかったことにするよ）という簡潔な一言で済ませることもあります。

20 予定を前もって知らせる

── Situation こんなときあなたならどう言う？ ──

あなたは翻訳者に

仕事を発注するつもりです。
依頼予定を知らせます。

⚠ 品格不足なやり方

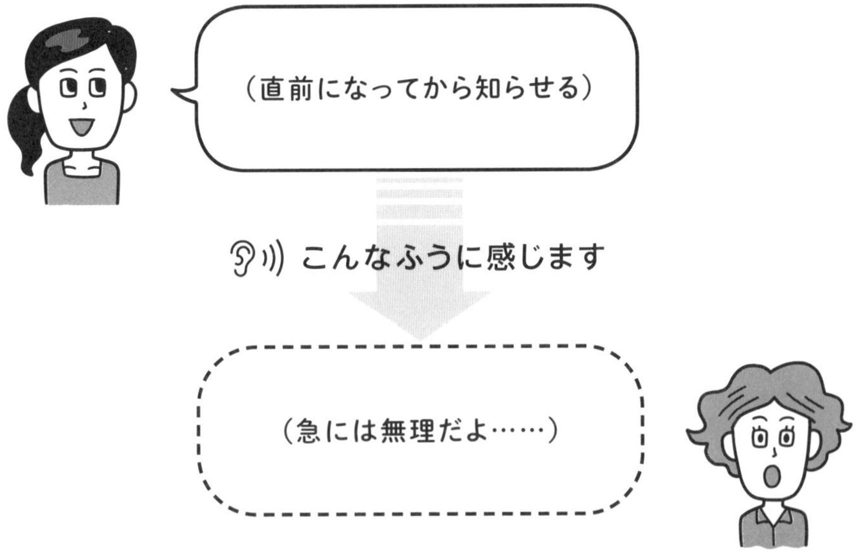

（直前になってから知らせる）

🦻)) こんなふうに感じます

（急には無理だよ……）

「至急の仕事です。このスケジュールでお願いします」といきなり依頼する
のは、とても失礼なやり方です。右ページのような言い方で、前もって予
定を知らせるのがスマートです。

🔊)) 20

✦ 品格のある言い方 ✦

Basic（初級編）★★★

It's not for sure, but we may have a request for you soon.

確かではありませんが、近いうちにあなたに依頼することがあるかもしれません。

前もって依頼の可能性を伝えておけば、先方にも心構えができます。

Intermediate（中級編）★★☆

We may have a project request for you sometime in the next three weeks. Do you think you will be able to take something on?

次の3週間の間にあなたにプロジェクトの依頼をするかもしれません。引き受けていただけそうでしょうか？

スケジュールをより具体的に知らせています。先方の都合への配慮も伝わるので、好感を持って受け取ってもらえるでしょう。

Advanced（上級編）★★★

I just want to give you a heads-up. It looks like we might be sending a translation project your way sometime in the next three weeks. How's your schedule looking?

あなたに事前のお知らせをしたいだけなのですが。この3週間のどこかである翻訳のプロジェクトをあなたに送ることになるかもしれません。あなたのスケジュールはどのような見通しですか？

I just want to ~ は「～したいだけですよ」です。justが気軽なニュアンスを加え、wantの強さを和らげています。send ~ your wayはsend ~ to youと同じ意味ですがよく使います。最後の一文は、look（～のように見える）を使って見通しを聞いています。How's your schedule?（あなたのスケジュールはどうですか？）と聞いてもOKです。

—機能—
21 急ぎではないと伝える

┌─── **Situation** こんなときあなたならどう言う？ ───┐

あなたは部下に**業務を依頼**しました。

部下が忙しそうなので、

急ぎではないことを伝えます。

└──────────────────────────┘

⚠️ 品格不足な言い方

> No hurry.

🎧)) こんなふうに聞こえます

⬇

> 急ぎじゃないから。

There is no hurry.（急ぎではありません）のカジュアルな言い方で、ビジネスには向きません。業務内容を軽視しているようなニュアンスが感じられ、「この業務は重要ではない」という印象を与える危険性があります。

🔊 21

✨ 品格のある言い方 ✨

Basic（初級編）★★★

It's not a rush job, so take your time.

....

これは急ぎの仕事ではないので、時間をかけてもいいです。

It's not urgent.（これは緊急ではありません）、There's no rush.（急ぐ必要はありません）、It can wait.（これは後回しにしてもいいです）と言うこともできます。

Intermediate（中級編）★★☆

You seem busy, so don't worry about rushing with this work.

....

あなたは忙しいようなので、この仕事を急がなくてはと心配しないでください。

don't worry（心配しないで）と言って相手を安心させる、配慮ある表現です。

Advanced（上級編）★★★

I believe that you have a lot on your plate right now. This task doesn't have a tight deadline, so feel free to take your time with it. As long as you complete it by next Monday, that would be OK.

....

私はあなたが現時点でやるべきことをたくさん抱えているのではないかと思います。この任務には厳しい締め切りがありませんので、気にせず時間をかけてください。あなたが次の月曜日までにこれを完了していれば、問題ありません。

you have a lot on your plate（あなたはお皿の上にたくさん載せている）は「同時にたくさんの任務を抱えている状態」の比喩です。I believe...は「私は……ではないかと思う」というニュアンスです。As long as...（……さえすれば）はとても便利な表現なので、ぜひ使えるようにしておきましょう。

22 これを最優先にしようと伝える

—— Situation こんなときあなたならどう言う？ ——

あなたは部下に **業務を依頼** しました。

最も急ぎの案件について、

「これを最優先に しましょう」と伝えます。

⚠ 品格不足な言い方

Do this first.

📡)) こんなふうに聞こえます

最初にこれをやりなさい。

命令形で、上から目線の失礼な表現です。アメリカでは皆が平等だという考え方が強く、部下に対してでも命令口調は失礼だと思われるので要注意です。

🔊)) 22

✦ 品格のある言い方 ✦

Basic（初級編）★★★

Please start with this one.

··

この業務から始めてください。

start with ~ は「～から始める」という意味で、start with a beer（まずはビールから始める）、start with a beginner's course（初心者コースから始める）といった使い方ができます。

Intermediate（中級編）★★★

This is the most important one, so please do it first.

··

これが最も重要なものなので、最初にそれを行ってください。

先にやるべき理由を説明することで相手の理解を助ける、より丁寧な表現になっています。

Advanced（上級編）★★★

This one is the highest priority, so I would like you to take care of it first, please.

··

これは最優先事項ですので、あなたにはこれに最初に対処していただきたいです。

take care of ~ は、もともとは「～の世話をする」という意味ですが、ここでは仕事を片付けるというニュアンスで「～に取り掛かって終了させる」という意味です。I'm going to take care of this as soon as possible.（私はこれにできるだけ早く対処します）といった使い方ができます。文脈で単語や慣用句の意味が変わるのは、英語が難しい原因の一つですね。一つ一つ覚えるしかありません。

23 自分の意見を提案する

あなたは同僚に、開発中の商品を

何色にするのがいいか **意見を聞かれた**

ので「赤がいいのではないか」と **提案**します。

⚠ 品格不足な言い方

> I say red.

 こんなふうに聞こえます

> 赤がいいです。

素っ気なく丁寧さに欠ける言い方です。できれば質問に答えるだけではなく、その色を選んだ理由なども伝えると親切です。I would say red. であれば「もし聞かれたら赤だと言います」という丁寧な言い方になります。

✦ 品格のある言い方 ✦

Basic（初級編）★★★

I recommend red.

赤をおすすめします。

非常にシンプルですが、丁寧な表現になります。

Intermediate（中級編）★★★

I think that red would be good.

赤がいいのではないかと思います。

I think...（……と思う）とwould be ~（多分～だろう）という表現を入れることで、直接的でなく、ソフトな雰囲気を出しています。

Advanced（上級編）★★★

My suggestion would be red.
The reason why I recommend this color is....

私は赤を提案したいと思います。この色をおすすめする理由は……です。

初めに提案を伝え、その理由も説明することで相手に理解しやすくしています。

24 相手の立場で助言する

Situation こんなときあなたならどう言う?

あなたの同僚が、業務を回し切れず

困っているので、もし自分だったら

アウトソーシングを検討するよと**助言します**。

⚠️ 品格不足な言い方

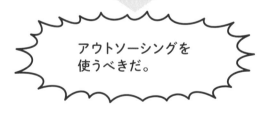

You should use
outsourcing.

🦻)) こんなふうに聞こえます

アウトソーシングを
使うべきだ。

should(〜すべきである)を使うことで、偉そうな雰囲気になってしまっ
ています。相手に命令している印象を与えるのでおすすめできません。

◀)) 24

✦ 品格のある言い方 ✦

Basic（初級編）★★★

You might want to outsource some tasks.

いくつかの仕事をアウトソーシングしてはどうでしょう。

might want to ~（～した方がいいかもしれません、～してはいかがかと思います）を使うと、相手を尊重しながら提案している丁寧な言い方になります。

Intermediate（中級編）★★★

You have so many tasks.
If I were you, I would outsource some of them.

あなたはとても多くの仕事を抱えていますね。もし私があなただったら、その中のいくつかをアウトソーシングします。

最初に相手が抱える仕事量の多さを認めることで、共感を伝えます。If I were you（もし私があなただったら）は相手の立場になって丁寧にアドバイスを伝えるときに便利な表現です。

Advanced（上級編）★★★

It looks like you really have your hands full.
If I were in your shoes, I would consider outsourcing some of your tasks.

あなたは本当に手一杯のようです。もし私があなたの立場だったら、仕事のいくつかをアウトソーシングすることを考慮します。

It looks like ~（～のようです）は、自分の判断が間違っているかもしれないという気持ちを込めた丁寧な言い方です。have one's hands full（手一杯である）は忙しさを伝える洗練された表現、If I were in your shoesは、If I were youの、さらに感じの良い言い方です。I would consider ~（私なら～を考慮する）は、非常に丁寧に提案する表現です。

25 別の表現に言い換える

── **Situation** こんなときあなたならどう言う？ ──

あなたは取引先に新商品のプレゼン

をしています。**特長を説明**した後、

念のため**別の表現で繰り返し**ます。

⚠ 品格不足なやり方

（突然別の表現で繰り返す）

🦻)) こんなふうに感じます

（えっ、何の話してるの？）

プレゼンにおいて大事なことを二度伝えることは効果的ですが、突然言い換えると、相手は混乱するかもしれません。右ページにあるように「言い換えると」「別の言い方をすると」といった前置きを入れましょう。

✦✧ 品格のある言い方 ✦✧

Basic（初級編）★★★

In other words, ...

言い換えると、……。

in other words（言い換えると）は、短い言葉を別の言葉に言い換えて繰り返すときにぴったりな表現です。言い換えの前にこのような前置きを挟むことで会話がスムーズに流れます。

Intermediate（中級編）★★★

To put it another way, ...

別の言い方をすると、……。

put it another way（別の言い方をする）は、よく使われる表現です。Let me put it another way.（別の言い方をしてみましょう）と言うこともできます。

Advanced（上級編）★★★

Let me restate that, just to make sure that I have been clear.

念のため私が言ったことをはっきりさせておきたいので、それを再度述べさせてください。

restate（言い換える、再び述べる）というやや難度の高い単語を使って、これから言い換えますよ、ということをより丁寧な雰囲気で伝えています。just to make sureは「念のために」。

―機能―
26 本題に入る提案をする

Situation こんなときあなたならどう言う？

あなたは会議を開きました。

時間が限られているので、参加者に早く本題に入るよう提案をします。

⚠ 品格不足な言い方

> We don't have time.
> Let's get to the point.

🦻)) こんなふうに聞こえます

> 時間がありません。
> 本題に入りましょう。

会議の始めにはスモールトークと呼ばれる雑談をすることがあり、進行役によるタイミングの良い声掛けが大事です。ただ、このような短い文で伝えてしまうと、険のある、ぶっきらぼうな印象を与えてしまいます。

🔊)) 26

✦ 品格のある言い方 ✦

Basic（初級編）★ ★ ★

Since we don't have much time today, let's quickly get to our main topic.

今日はあまり時間がないので、すぐに本題に取り掛かりましょう。

Since...,（……なので）と理由をきちんと説明した上で提案していますので、ぐっと丁寧な印象になります。Since...today,の代わりにWithout further ado,（さっさと、難しい話は抜きにして）と言うこともできます。adoは「骨折り、面倒」の意味です。

Intermediate（中級編）★ ★ ★

I know that everyone's time is limited today, so let's get right to today's main topic.

今日は皆さんの時間に限りがありますから、すぐに今日の本題に取り掛かりましょう。

「時間がない」ということを伝えるのに否定形を使わず、be limited（限りがある）を用いてeveryone's time is limited（皆さんの時間に限りがある）と言っています。少し難しい表現ですが、婉曲的になり印象が和らぎます。rightは「すぐに」の意味。

Advanced（上級編）★ ★ ★

In the interest of saving time, let's skip the preliminaries and go straight to the main topic of our meeting.

時間の節約のため、前置きは飛ばして直接私たちの会議の本題に入りましょう。

in the interest of ~ は「～を考えて、～のために」。preliminary（前置き）は、会議の最初の雑談や前回の振り返りなどを指します。それをskip（飛ばす）しようという提案です。

Tips

インタビュー取材をするときは、ちょっとした雑談の後に「本題に入りましょう」という意味でLet's get down to business.やLet's get down to the nitty-gritty.をよく使います。nitty-grittyは「核心」。会議でも使えますので覚えておきましょう。

27 話の脱線を指摘する

Situation こんなときあなたならどう言う?

あなたは会議を開いています。

話題が**議題から逸れて**しまったので、
それを指摘して**軌道修正**します。

⚠ 品格不足な言い方

> That topic is not important.

🔊)) こんなふうに聞こえます

その話題は
重要ではありません。

会議中に話が脱線してしまうことはよくあります。いら立ちの種かもしれませんが、せっかく話している参加者に向かって、「その話題は重要ではない」とダイレクトに言うのは失礼です。

✦⁺ 品格のある言い方 ✦⁺

Basic（初級編）★★★

Let's return to our main topic.

私たちの本題に戻りましょう。

会議の参加者のふるまいを否定することなく、シンプルに要望を伝えています。

Intermediate（中級編）★★★

This is interesting, but let's discuss what is on the agenda.

これは興味深いのですが、議題に挙がっていることについて話し合いましょう。

問題を指摘する前に、This is interesting, but（これは興味深いのですが）のようにポジティブなワンクッションを入れると柔らかい印象になります。また、on the agenda（議題に挙がって）というフレーズをこのように使うと、話が脱線していることを丁寧に伝えることができます。

Advanced（上級編）★★★

Let's get back on track.

本題に戻りましょう。

track（電車の線路、進むべき道）を使った便利な表現で、「本題に戻る」はget back on track、「本題から逸れる」はget off trackです。We seem to be getting off track.（私たちは本題から逸れてしまっているようです）と言うこともできます。

28 議論をまとめる

Situation こんなときあなたならどう言う？

あなたは会議を開いています。

そろそろ**結論を出したい**ので、
議論のまとめをします。

⚠ 品格不足な言い方

> We need to stop talking
> and make a decision.

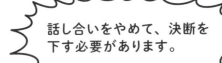

👂)) こんなふうに聞こえます

話し合いをやめて、決断を
下す必要があります。

少しとげのある言い方です。特に stop talking の部分が、議論を続ける参
加者たちに対していら立っているような印象を与えてしまいます。

◀)) 28

✦✦ 品格のある言い方 ✦✦

Basic（初級編）★★★

This has been a good discussion.
Now, let's make a decision.

ここまで良い議論でしたね。それでは、決断を下しましょう。

ポジティブなコメントをしてから、let's...と投げかけると和やかに次に進めます。

Intermediate（中級編）★★★

I appreciate the good discussion we have had here. Now, let's move into decision-making mode.

ここで行われた良い議論に感謝いたします。それでは、意思決定のモードに移りましょう。

let's move into...（……に移りましょう）で次の行動へ促します。decision-making modeは「意思決定のモード」。vacation mode（休暇モード）、work mode（仕事モード）などがあります。

Advanced（上級編）★★★

Thank you everyone for this in-depth discussion. It's been very helpful. I think it's time for us to look at making a decision. I'm going to list here on the whiteboard each of the options that have been suggested, and then let's list the pros and cons of each and then make our choice.

皆さん、この掘り下げた議論をありがとうございました。大変有益でした。私たちは意思決定に目を向けるときが来たと思います。ここでは提案された各選択肢をホワイトボードに列挙し、それぞれのメリットとデメリットをリストアップしてから選択をしましょう。

thinkとlook at ~（～に目を向ける）を使い、「意思決定に目を向けるときが来たと思う」とソフトに表現しています。議論をまとめる方法を提案しているのも親切です。

─機能─
29 会議を切り上げる提案をする

━ Situation こんなときあなたならどう言う？ ━

あなたは会議を開いていて、議論が
続いていますが、**時間が来てしまった**
ので**切り上げる提案**をします。

⚠ 品格不足な言い方

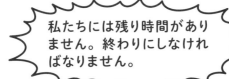

We have no time left.
We have to stop.

🦻)) こんなふうに聞こえます

> 私たちには残り時間があり
> ません。終わりにしなけれ
> ばなりません。

have to ~（～しなければならない）を使うと、少しきつい感じに聞こえて
しまいます。must、had better も、印象はほぼ同じです。

◀ㅤ)) 29

✦✧ 品格のある言い方 ✦✧

Basic（初級編）★ ★ ★

There is not much time left for our meeting.
Let's stop here and continue next time.

会議の残り時間があまりありません。ここで終わりにして次回に続きをしましょう。

残り時間がないこと、会議を終わらせたいことをシンプルに分かりやすく伝えています。

Intermediate（中級編）★ ★ ★

Thank you for the good discussion, but unfortunately, we are running out of time. Let's stop for today and continue next time.

良い議論ができたことに感謝していますが、残念ながら、時間がなくなってきています。今日は終わりにして次回に続きをしましょう。

最初に、良い議論ができたことへの感謝を伝えることで、ぐっと丁寧な印象になります。日本人はここを飛ばしてしまいがちですが、アメリカではまずポジティブなことを伝えてから本題に入るというのが一般的です。また、unfortunatelyという一語によりソフトな雰囲気がプラスされています。stop for todayをcall it a day（1日の仕事を終わらせる）に変えることも可能です。

Advanced（上級編）★ ★ ★

This has been an excellent discussion, but unfortunately, we are running out of time. Let's wrap things up for today and restart this conversation when we convene next time.

ここまで素晴らしい議論でしたが、残念ながら、時間がなくなってきています。今日はここでおしまいにして次に会議を開いたときにこの会話を再開しましょう。

wrap things upはwrap upと同じ意味で、「まとめる、終える」。conveneは「会を開く、会合する」という意味のやや難しめの表現。豊かな語彙を使うと英語の品格がぐっとアップします。

30 雑談の輪に入る

Situation こんなときあなたならどう言う？

あなたは立食パーティーに参加しています。

知り合いがいないので
雑談の輪に入れてもらいます。

⚠️ 品格不足なやり方

（無言で輪の中に入る）

👂)) こんなふうに感じます

（この人、何がしたいの？）

黙って輪の中に入っていっても、何がしたいのか伝わらず、雑談に入れて
もらうことは難しいでしょう。右ページのように、話のきっかけとなる一
言を自分から投げかける必要があります。

🔊)) 30

✦ 品格のある言い方 ✦

Basic（初級編）★★★

May I join your conversation?

会話に参加してもよいでしょうか？

May I join ~?（〜に参加してもよいですか？）はよく使われる表現です。シンプルに、Hello. と言いながら、皆の輪の中に入っていってもよいでしょう。

Intermediate（中級編）★★★

Your conversation sounds interesting. Do you mind if I join you?

あなた方の会話は面白そうですね。ご一緒しても構いませんか？

Do youを省いてMind if I join you？と言うこともできます。カジュアルな言い方になりますが、Mind if I join in?と言っても同じ意味になります。

Advanced（上級編）★★★

Hi! Sorry to interrupt, but I don't know anyone here, so I thought I would introduce myself. My name is Keiko.

こんにちは！　会話に割り込んで申し訳ありませんが、ここには誰も知り合いがいませんので、自己紹介をしようと思ったのです。私の名前はケイコです。

interruptは「他の人の会話に割り込む」という意味。少し無作法なことではあるので、sorryと断ってから話し始めれば、角が立ちません。自己紹介に応えて、他の人たちも自己紹介してくれるはずです。

Tips

会話の輪の中に入るときの挨拶としては、Hi there.（こんにちは）もおすすめです。カジュアルシーンでよく使われます。慣用表現で、thereに特に意味はありません。

31 会話を切り上げる

Situation こんなときあなたならどう言う？

あなたは立食パーティーで、

参加者の一人と会話をしましたが
長くなったので話を切り上げます。

⚠ 品格不足な言い方

Goodbye.

🔊)) こんなふうに聞こえます

さようなら。

せっかく会話もはずんで場も和んだところに、唐突に「さようなら」と言うのはさすがに失礼です。相手は戸惑ってしまいます。

◀)) 31

✦ 品格のある言い方 ✦

Basic（初級編）★★★

It's been so nice talking with you.

あなたと話せてとてもうれしかったです。

こう言えば、会話を終わらせようとしているということが相手にも伝わります。

Intermediate（中級編）★★★

It's been great talking with you. I'm going to go get a refill on my drink.

あなたと話せて素晴らしかったです。飲み物を補充しに行ってきますね。

立食パーティーの場で、その場から離れる口実として「飲み物を取りに行く」というのはよく使われる手段です。

Advanced（上級編）★★★

I'm enjoying our conversation, but I think we both need to mingle more. I hope we can pick up our conversation later.

私はあなたとの会話を楽しんでいますが、私たちは二人とももっと歩き回っていろいろな人と話す必要があると思います。後ほど会話を再開できればと思っています。

立食パーティーでは、歩き回っていろいろな人と話す（mingle）ことが大切。もっと深く話をしたいと思う人がいたら、Why don't we meet up for coffee sometime?（そのうちコーヒーでも飲みに行きませんか？）と誘い、別の機会にゆっくり話しましょう。pick upは「再び始める」の意味。

Tips

紹介してほしい人がいるときは、put me in touch with someoneというフレーズを使って、If you could put me in touch with Mr. A, that would be great.（もしあなたが私をAさんにご紹介くださったら、うれしいのですが）とお願いすることができます。

機密情報は
「聞かなかったことにするよ」

　私はニューヨークに11年住んでいたが、ある国際的な事件がきっかけとなり、現役FBI捜査官と懇意になった。毎週土曜の午前7時、マンハッタンにあるFBIオフィス近くのレストランの決まったテーブルで朝食をとりながら、何カ月も定期的に情報交換を行った。その事件の主犯は日本人で、他にもアメリカ在住の日本人がからんでいた。私がそれらの日本人に関して行った調査は真相解明に役立ち、日本国籍を捨ててFBIに入局しないかと何回も誘われたくらいだった。

　そのFBI捜査官は、毎回私に早口で機密情報を教えてくれ、必ずYou didn't hear it, OK?と付け加えた。文字通りには「あなたはそれを聞かなかった、いいね？」だが、実際には「聞かなかったことにしてくれ」という意味である。

　レーガン政権で国防次官補を務めたリチャード・アーミテージ氏には数えきれないほど取材したが、ある日、私の友人がアメリカの諜報機関CIAのために日本語の記事を英訳している話をしたことがあった。それを聞いた瞬間、アーミテージ氏はI didn't hear it.と言ったのである。これは「私はそれを聞かなかった」、つまり「聞かなかったことにする」という意味だ。すでに一般に公表されている記事だったので機密事項だとは思わなかったが、アーミテージ氏にしてみれば、そういった情報を非公式に得たと思われたくなかったのであろう。

　他に元CIA要員や元MI6（007の映画で有名なイギリスの諜報機関）の友人が複数いるが、機密情報を教えてくれたとき必ず、You didn't hear it, OK?と言う。本当は言ってはいけない／聞いてはいけない話題が出たら、この言い方を思い出してほしい。ちなみに、いてはいけないところにいて、その現場を目撃されたときに使うセリフはYou didn't see me, OK?（見なかったことにしてくれ）である。（大野和基）

4

いいことを伝える
(感謝、同感、賞賛など)

感謝、同感だという気持ち、賞賛など
「いいこと」を伝えるための表現です。
相手をがっかりさせないように
ポジティブな気持ちをしっかり伝える
言い方をマスターしてください。

32 感謝を伝える

Situation こんなときあなたならどう言う?

あなたが調査レポートを作成した際、
同僚にアドバイスをもらったので
感謝を伝えます。

⚠ 品格不足な言い方

> Thank you.

👂)) こんなふうに聞こえます

> ありがとうございました。

お礼の気持ちは伝えられているので NG というほどではありませんが、ビジネスなどのかしこまった場では、もう少し言葉を添えた方が丁寧です。

🔊 32

✦ 品格のある言い方 ✦

Basic（初級編）★☆☆

Thank you for helping me.

手伝ってくれてありがとうございました。

何に対して感謝しているのかをシンプルに伝えています。Thank you.（ありがとうございます）とだけ言うよりも丁寧です。

Intermediate（中級編）★★☆

Thank you for your help with the report.
Your advice was really useful.

レポートにご協力いただきありがとうございました。あなたのアドバイスは本当に役に立ちました。

何に感謝しているのかを具体的に分かりやすく伝えており、より丁寧です。help with ~（~を手伝う）は便利な表現なので覚えておきましょう。

Advanced（上級編）★★★

I really appreciate your assistance with the report.
Your input was quite valuable, and it enabled me
to improve it a lot.

レポートに対するあなたの援助に本当に感謝します。あなたのご意見は大変役に立ち、そのおかげで私はレポートを大きく改善することができました。

assistance with ~（~への援助）、input（意見・情報・アドバイスなどの提供）、enable someone to ~（人が~するのを可能にさせる）など、より洗練された語句を使って感謝の気持ちを述べています。

−機能−
33 うれしいと伝える

―― **Situation** こんなときあなたならどう言う？ ――

あなたのプロジェクトが成功し**同僚が**

お祝いの言葉を掛けてくれました。

うれしい気持ちを伝えます。

⚠ 品格不足な言い方

No, it was not so good.

🔊)) こんなふうに聞こえます

いいえ、それほど良くは
なかったのです。

日本人にとっては謙遜のつもりでも、そう受け取ってはもらえません。相手は、せっかくのお祝いの言葉を否定されて、いい気分はしません。いら立ってしまうこともあるでしょう。

✦ 品格のある言い方 ✦

Basic(初級編)★★★

Thank you!

....

ありがとうございました!

シンプルに感謝を伝えています。語尾に感嘆符「!」が付いていますが、言い方が大事です。笑顔で、はつらつとした感じで伝えましょう。

Intermediate(中級編)★★★

That is very kind of you to say.

....

ご親切におっしゃっていただいてうれしいです。

Thank you.だけよりも丁寧な言い方です。That is very kind of you to ~ は「ご親切に~していただいてうれしい」という、使い回しの利く表現です。

Advanced(上級編)★★★

I really appreciate that positive feedback.
It means a lot coming from you.

....

その肯定的なフィードバックに本当に感謝しています。あなたの口から聞けて特にうれしいです。

It means a lot...は、直訳すると「……には大きな意味がある」ですが、「……がとてもうれしい、ありがたい」と伝えたいときに使えます。coming from youのyouには、「あなたのような(特別な、大切な、尊敬している、その分野の専門家の)人」というニュアンスが含まれます。

34 同感の意を伝える

Situation こんなときあなたならどう言う？

あなたのチームメイトがプロジェクトの
進め方について意見を述べ、
あなたも**同感だと伝え**ます。

⚠ 品格不足な言い方

> That's fine.

⤵))) こんなふうに聞こえます

それでいいです。

fine は「素晴らしい」という意味ですが、あまり良いと思っていないときに「まあ、いいでしょう」という妥協のニュアンスでも使われます。そのため、この言い方は、積極的に同意していないと誤解される可能性があります。

🔊)) 34

✦✦ 品格のある言い方 ✦✦

Basic（初級編）★★★

I agree.

....

同意します。

チームメイトの意見に肯定的な考えを持っていることがシンプルに伝わります。

Intermediate（中級編）★★★

I support that approach.

....

私はその進め方を支持します。

日本語の「アプローチ」は接近という意味で使われることが多いですが、ここでのapproachは、「進め方、やり方」。英単語には複数の意味があり、カタカナ英語とは意味がイコールではないこともあるので要注意です。

Advanced（上級編）★★★

I like that idea very much, and I think we should adopt it.

....

私はその意見がとても気に入っており、私たちはそれを採用すべきだと思っています。

日本語では「アイデア」は思いつき、発想、といった意味で使われますが、英語のideaにはそれよりだいぶ幅広い意味があります。ここでのideaは「意見、意図、狙い」。アメリカ人はこちらの意味で使うことの方が多いです。

Tips

同感だと伝えたいときは、I am sympathetic to your view.（私はあなたの意見に賛同します）という言い方もできます。sympatheticは「人の意見や考えなどに賛同する」という意味の形容詞です。

35 昇進のお祝いを伝える

Situation こんなときあなたならどう言う?

あなたの**同僚が昇進**したので、

「**おめでとう**」**という気持ち**

を伝えます。

⚠ 品格不足な言い方

You got promoted.

👂)) こんなふうに聞こえます

あなたは昇進しました。

事実を伝えているだけでお祝いのニュアンスはなく、相手も返答に困ってしまいます。ただ、親しい相手であれば、Hey, you got promoted! と、笑顔で言えば、お祝いしている感じが伝わります。

◀)) 35

✦ 品格のある言い方 ✦

Basic（初級編）★★★

Congratulations on your promotion!

あなたの**昇進**おめでとうございます！

Congratulations on ~ !（〜おめでとうございます！）の、〜の部分にはyour graduation（あなたの卒業）やyour marriage（あなたの結婚）などが入り、さまざまなお祝いのシーンで活用できます。必ずCongratulationsと複数形で使います。

Intermediate（中級編）★★★

It's wonderful to hear about your promotion. It's well-deserved.

あなたの**昇進**のことを聞き素晴らしく思います。これは当然のことですけどね。

well-deservedは、「受けるに値する、当然の」の意味。直前のItは、your promotion（あなたの昇進）を指しています。

Advanced（上級編）★★★

I was so happy to hear about your promotion. I'm glad that the company has recognized all of your contributions. I'm sure you will thrive in this new role as well.

あなたの**昇進**について聞いてとても幸せな気持ちでした。会社があなたの貢献すべてを認めてくれたことがうれしいです。あなたがこの新しい任務においても成功することを私は確信しています。

過去の功績を認めるだけでなく、これから先の成功にも言及しており、言われた相手はうれしく誇らしい気持ちになるでしょう。とても洗練された伝え方です。thrive（成功する、目標を達成する）の代わりに、flourish（活躍する、繁栄する）と言うこともできます。

36 部下の仕事ぶりを褒める

Situation こんなときあなたならどう言う?

あなたの部下がさまざまな苦労を

乗り越えて**よい仕事**をしました。

「**素晴らしい**」と伝えます。

⚠ 品格不足な言い方

Good job.

🦻)) こんなふうに聞こえます

よくやった。

苦心して仕事をやりとげた部下に対するコメントとしては、中身がなく簡潔すぎます。犬を褒めているように聞こえてしまうかもしれません。

🔊 36

✦✦ 品格のある言い方 ✦✦

Basic（初級編）★★★

I am very pleased with your work.

あなたの仕事にとても満足しています。

be pleased（うれしい、満足している）は、ニュアンスとしては「満足」の方に近いです。頑張って仕事を成功させたことへのねぎらいの気持ちが伝わります。

Intermediate（中級編）★★★

You did an excellent job with this project.

あなたはこのプロジェクトで素晴らしい仕事をしました。

excellent（素晴らしい、優れた）は、人を褒めたり、評価したりするときによく使われる表現です。素晴らしさの程度は、goodよりも上です。

Advanced（上級編）★★★

On this project, you came up with a very creative solution, and you explained it well to the customer and convinced them. This really helped our customer, and also helped to cement our relationship with them.

このプロジェクトで、あなたはとても独創的な解決策を見つけ出し、それを顧客にうまく説明し納得させました。これにより私たちのお客様が本当に助かり、そして私たちとお客様との関係を強固にすることにも役立ちました。

come up with ~（～を見つける）は、ネイティブらしいこなれた表現です。cement（～を強固にする、～を固く結びつける）は、ここでは「顧客との関係を強固にする」という意味で使われています。

37 励ます、応援する

Situation こんなときあなたならどう言う？

新しいプロジェクトが始まるので、**部下に やる気を出してもらう**ため 「**期待していますよ**」と伝えます。

⚠ 品格不足な言い方

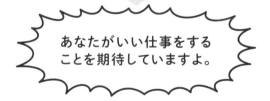

I expect your good work.

👂)) こんなふうに聞こえます

あなたがいい仕事をする ことを期待していますよ。

命令のように聞こえて感じが悪い表現です。「あなたはいい仕事をしなければならないのですよ」というニュアンスになってしまっています。「期待」を expect と訳すと、上から目線の命令調になってしまうので要注意です。

🔊)) 37

✦✦ 品格のある言い方 ✦✦

Basic（初級編）★★★

I look forward to seeing your work on this project.

このプロジェクトでのあなたの働きを楽しみにしています。

応援するつもりで「期待しています」と言うときは、expectではなくlook forward to ~（〜を楽しみにしている）を使うと、気持ちが伝わります。

Intermediate（中級編）★★★

I am sure you will do an excellent job on this project.
I'm looking forward to it.

このプロジェクトであなたが素晴らしい仕事をしてくれると確信しています。私はそれを楽しみにしています。

相手を褒める要素を加えることで、コミュニケーションをより円滑にします。

Advanced（上級編）★★★

You are the perfect person to work on this project, and I know you will do a great job. I'm looking forward to seeing the results of your efforts!

あなたはこのプロジェクトに取り組むのに最適な人物であり、私はあなたが素晴らしい仕事をすることを知っています。あなたの努力の結果を見ることを楽しみにしています！

相手への賞賛を増やした表現です。「こんなことを言われたらプレッシャーに感じるのでは」と心配になるかもしれませんが、アメリカ人であれば、このぐらい言われた方がうれしいものです。

ips

expectation（期待）という単語を使いたいなら、I have high expectations for your work on this project.（このプロジェクトにおけるあなたの働きに関して非常に期待しています）と言えます。

会話の主導権を握るために
語彙力を磨こう

　インタビューはtug of war（綱引き）であるとよく言われるが、絶対にやってはならないことの一つが、インタビュー対象者に会話の主導権を握られてしまうことだ。相手がたとえアメリカ大統領であっても、その原則は変わらない。今まで、ジェフリー・ディーヴァーやダン・ブラウンなど、世界的に著名なベストセラー作家にインタビューしたことがあるが、彼らは語彙も表現も豊富で、饒舌である。そういう相手に太刀打するには、日ごろから語彙力を付け、できるだけ書き言葉に近い言い方で話すことができるようにしておくといい。相手の語彙や表現のレベルに合わせないと、主導権を握られてしまう恐れがあるからだ。

　例えば、相手の話を掘り下げるには、単にWhatやWhyで質問するのではなく、for the sake of argument（議論を進める上で、仮定の話として）という表現で例を出す。Let's assume, for the sake of argument, that it were possible for you to visit the moon. Would you want to go there?（仮定上の話として、あなたが月を訪問することが可能であったと考えてみましょう。あなたはそこに行きたいですか？）などである。with all due respect（お言葉を返すようで恐縮ですが）は丁寧に反論したいときに使える便利な表現だ。With all due respect, you often say things that are quite controversial.（失礼ながら、あなたはかなり物議をかもすようなことを頻繁におっしゃいますね）のように言う。

　私は英語でインタビューする際、事前に相手の近著を英語で読む。インタビューのテーマに関連した知識が付くだけでなく、その分野でよく使われる語彙も増えるので、一石三鳥くらいになる。英語を使った会議や商談に臨む際も、事前に関連した洋書や英語のニュース記事などに目を通し、重要な語彙をあらかじめインプットしておくといいだろう。（大野和基）

5

言いにくいことを伝える
（断り、反論、クレームなど）

断る、反論する、クレームを入れるなど
ネガティブなことを伝える機会は
少なくないでしょう。
そんなときこそ、思いやりを込めた
品格のある表現で乗り切りましょう。

−機能− 38 「うまくいかなかった」と伝える

Situation こんなときあなたならどう言う？

あなたは取引先でプレゼンしましたが、**出来はいまいち**でした。上司に「**どうだった？**」と聞かれ答えます。

⚠ 品格不足な言い方

> It was bad.

👂)) こんなふうに聞こえます

⬇

> ひどかったです。

bad（悪い、ひどい）は、ストレートすぎる表現です。芝居がかったような大げさな印象を与えてしまいます。また、上司から自分への評価も下げてしまいます。

38

✦✦ 品格のある言い方 ✦✦

Basic（初級編）★★★

I think I could have done better.

もっとうまくできたはずだと思うのですが。

I could have ~ は、過去の事実について「~できたはずなのに」というときに使います。もっと良いパフォーマンスができたはずだが今回はできなかったと伝えています。

Intermediate（中級編）★★★

I think that there was room for improvement. Please give me some advice on how to make my presentations better.

改善の余地があったと思います。どのように私のプレゼンをより良くするかについて私にいくつかアドバイスをください。

room for ~ は「~の余地」の意味。大げさな感じはなく、冷静に事実を報告しています。また、上司にアドバイスを仰いでいる姿勢が前向きで良い印象を与えます。

Advanced（上級編）★★★

Unfortunately, I was not at my best today. I'm going to think carefully about how I can improve my presentation skills so that I can do better next time. Please let me know if you have any suggestions for me.

残念ながら、今日は私のベストではなかったです。次回はうまくできるように、どうしたら私のプレゼンのスキルを改善できるかを注意深く考えてみるつもりです。もし何か私への忠告がありましたらどうか教えてください。

ネガティブな強い言葉を使わず、「ベストではなかった」と表現しています。改善の努力をすると言った上で上司にも助言を求めているところが、ワンランク上の伝え方と言えます。

39 話しにくいことを切り出す

Situation こんなときあなたならどう言う?

マーケティング部門の会議で、ある商品の

売り上げが下がってきている

ことを**議題**に出します。

⚠ 品格不足な言い方

> We must cut this product.

🎧)) こんなふうに聞こえます

> 私たちはこの製品を打ち切り
> にしなければなりません。

売り上げが下がっているからといって、いきなり打ち切りを提案するのは早急です。また、must（〜しなければならない）は非常に強い表現ですので、打ち切りがすでに決まっているかのような印象を与えてしまいます。

✦ 品格のある言い方 ✦

Basic（初級編）★★★

Sales of this product are down. We need to discuss whether we should continue to sell it.

··

その製品の売り上げは減少しています。私たちはそれを販売し続けるべきかどうか話し合う必要があります。

まず事実を分かりやすく伝えた上で、皆で考えましょうと提案しています。

Intermediate（中級編）★★★

The widget has been an important product for us, but its sales are flagging. We should consider whether it's worth continuing to sell.

··

その製品は私たちにとって重要な製品でしたが、その売り上げが低迷しています。引き続き販売する価値があるかどうかを検討するべきです。

商品に対するポジティブなコメントを述べた後で本題に入っています。worth -ing（〜する価値がある）は使う機会の多い表現です。

Advanced（上級編）★★★

Although it's been a mainstay of our product line for years, declining sales of this product need to be recognized. I know that many of you are emotionally attached to this product, but our energies may be better spent on products that have more upside potential.

··

それは何年もの間私たちの製品ラインの主力でしたが、その製品の販売の減少は認識される必要があります。あなたたちの多くがこの製品に愛着を持っていることは知っていますが、私たちのエネルギーをより上昇する可能性を秘めた製品に費やした方がいいかもしれません。

主力製品だったこと、多くのスタッフが愛着を持っている（emotionally attached）ことに触れ、製品価値への理解を十分に伝えてから本題に入っています。

40 依頼を断る

Situation こんなときあなたならどう言う？

あなたはテレビ局から**インタビュー 取材の依頼**を受けましたが、**断りの連絡**をします。

⚠ 品格不足な言い方

No, thank you.

👂)) こんなふうに聞こえます

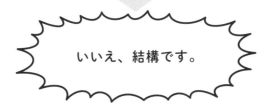

いいえ、結構です。

あまりに簡潔な断り方です。せっかく声を掛けてくれた相手に対して、素っ気なく、配慮がない感じがします。

⁺✦ 品格のある言い方 ✦⁺

Basic（初級編）★★★

Thank you for asking, but I'm sorry, I can't do it.

声を掛けてくださってありがとうございます、でも申し訳ありませんが、できません。

まず、声を掛けてくれたことへの感謝を伝えてから、お断りする旨を伝えています。断るときに、I'm sorry（申し訳ありません）の言葉を添えるのが一般的です。

Intermediate（中級編）★★★

That is very kind of you, but sadly, I have to turn it down.

ご親切にありがとうございます、でも残念ながら、私はそれをお断りしなければなりません。

sadlyはunfortunatelyと同様「残念ながら」の意味。turn ~ down（〜を断る）は、丁寧に断る場面でよく使われる表現で、口語的で柔らかいニュアンスになります。後半は、..., but I would rather not do it.（……、でもご遠慮させてください）と言うこともできます。

Advanced（上級編）★★★

Thanks so much for the very kind interview invitation. I'm quite honored. However, I'm going to need to take a pass on this one. I have too many things going on over the next six weeks, so I wouldn't have the time to do a proper job of it.

大変ご親切にインタビューに誘っていただき誠にありがとうございます。とても光栄です。しかしながら、私はこれを見送る必要があります。私は次の6週間あまりにも多くの進行中のものを抱えているので、きちんとその役目を果たす時間がありません。

be honored（光栄です）はネイティブがよく使うこなれた表現です。take a pass on ~（〜の機会を見送る）は、今回は見送りますがまた機会があれば考えますという含みがあり、ソフトに断れます。proper job（きちんとした仕事）ができない、という言い方も丁寧です。

—機能— 41 興味のない提案を断る

Situation こんなときあなたならどう言う？

あなたが懇意にしている取引先から、

興味の持てない提案を受けたので、やんわりと断る返事をします。

⚠ 品格不足な言い方

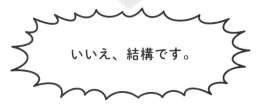

No, thank you.

👂)) こんなふうに聞こえます

いいえ、結構です。

いくら打ち解けた取引先であっても、せっかくの提案に対してダイレクトに断りすぎです。相手への配慮が感じられません。

✦ 品格のある言い方 ✦

Basic（初級編）★☆☆

Thank you for the proposal. It's interesting, but unfortunately, we can't do it.

ご提案ありがとうございます。興味深いのですが、残念ながら、私たちにはできません。

提案に対するお礼とポジティブな感想を伝えてから提案を断っており、丁寧です。

Intermediate（中級編）★★☆

Thank you for your thoughtful proposal. Unfortunately, I have to turn it down. Please keep us in mind for other ideas in the future, however.

よく考えられた提案をありがとうございます。残念ながら、私はそれをお断りしなければなりません。しかしながら、今後の別の提案のために私たちを心に留めておいてくださいね。

提案についてthoughtful（よく考えられた）と褒めることで感じの良い印象になります。have toを使うと「外的な要因からそうせざるを得ない」というニュアンスが出ます。

Advanced（上級編）★★★

I really appreciate your taking the time to give us a proposal. It's quite interesting, and I can tell you put a lot of thought into it. Unfortunately, however, it's not something that we are able to pursue at this time. Please do let us know about any other ideas you have in the future, though.

私たちにご提案いただくために時間を割いてくださり本当に感謝いたします。それは大変興味深いものであり、あなたがそれについてよく考えられたことが私には分かります。しかし、残念ながら、現時点ではそれは私たちが先に進められるものではありません。けれども、今後、他に提案があればぜひ私たちにお知らせください。

まず感謝とポジティブな感想を伝え、最後に、「今後も提案をしてほしい」と言うことで関係を継続したい意思を表現しています。

42 期日までにできそうにないと伝える

Situation こんなときあなたならどう言う？

あなたは上司から仕事を頼まれ

「**明日までに**」と言われましたが

無理そうだと伝えます。

⚠ 品格不足な言い方

I can't do it!

👂))こんなふうに聞こえます

できません！

こう言うと、あなたの方に落ち度があって仕事が終わらないというふうに伝わってしまいます。あなたに対する評価を下げることになり、損をしてしまいます。

✦✦ 品格のある言い方 ✦✦

Basic（初級編）★★★

I don't think that getting it done by tomorrow is realistic.

それを明日までに仕上げるのが現実的だとは思いません。

強い否定ではなく、realistic（現実的）だと思わない、とやんわりと伝えています。

Intermediate（中級編）★★★

I understand that this is important, but there is just too much to get done. I don't think it's realistic to expect to complete it by tomorrow.

これが重要なことは分かっていますが、仕上げるべきことが実に多すぎます。明日までにそれを終わらせると見込むのが現実的だとは思いません。

仕事の重要性を理解している旨を伝えた上で、現実的だと思わないと言っています。just too much... のjustには、「実に、全く」という強調の意味があります。

Advanced（上級編）★★★

I know this is important, and I will put in every effort to complete it. However, I need to tell you honestly that I don't think it's realistic for me to try to finish it by tomorrow just working on it by myself. Can we get some more hands on deck?

これが重要なことは分かっていますし、それを終わらせるために私はあらゆる努力をするつもりです。しかしながら、私一人で取り掛かって明日までに終わらせようとするのが私にとって現実的だと思わないということを正直に申し上げなければなりません。もう少し人手を集めることは可能でしょうか？

最後の一文は、船員のall hands on deck（全員甲板に集合）という号令が由来の気の利いた表現です。handsは「人手」、on deckは「待機して、準備ができて」という意味。

43 同意できないと伝える（1）

—— Situation こんなときあなたならどう言う？ ——

取引先と企画するイベントについて

スケジュールの延期を提案され 「同意できない」と伝えます。

⚠ 品格不足な言い方

No.

🔊)) こんなふうに聞こえます

ダメです。

スケジュールの延期に応じられない理由を全く言わず No. の一言で拒否してしまうのは、素っ気なく失礼に当たります。また、No. は強い拒絶の言葉ですので、怒っているように聞こえます。

⋆✦ 品格のある言い方 ✦⋆

Basic(初級編)★★★

Sorry, but I can't agree to that.

────────────────────────

申し訳ありませんが、それには同意できません。

Sorry, but...(申し訳ありませんが……)と先に一言添えるだけで、ぐっと柔らかい表現になります。

Intermediate(中級編)★★★

Unfortunately, that would create many problems, so it's not possible for us.

────────────────────────

残念ながら、それは多くの問題を引き起こすでしょうから、私たちには無理です。

for us(私たちにとって)とすることで、「これは会社の考えであり、個人的に提案を拒否しているわけではない」というニュアンスで伝わります。

Advanced(上級編)★★★

I wish I could do that, but unfortunately, it's not going to work. We already have resources allocated and arrangements made based on the original schedule.

────────────────────────

それができればと思いますが、しかし残念ながら、それはうまくいきません。私たちは元のスケジュールに基づいてすでにリソースを割り当てており、手配もしています。

延期に応じられない理由を具体的に丁寧に伝えています。resourceは、人員や使う機械(印刷機など)のことを指し、We already have resources allocatedには、「私たちはもうリソースを割り当て済みで、変えられない」という意味が暗に含まれています。arrangementは「手配、準備」の意味。

44 同意できないと伝える（2）

Situation こんなときあなたならどう言う？

あなたは取引先からの意見に対し、

「言いたいことは分かるが 同意できない」と伝えます。

⚠ 品格不足な言い方

I understand.

👂)) こんなふうに聞こえます

分かります。

取引先の意見について、理解していることは伝えていますが、意見に同意
できないことを伝えられていません。賛同していると誤解される危険があ
ります。

◀))) 44

✦✦ 品格のある言い方 ✦✦

Basic（初級編）★★★

I understand what you are saying, but I cannot agree.

あなたの言っていることはよく理解していますが、同意できません。

伝えるべきことをシンプルに礼儀正しく伝えています。

Intermediate（中級編）★★★

I appreciate your point of view, but with all due respect, I disagree.

あなたの見解はよく理解していますが、はばかりながら、異議を唱えます。

appreciateは「～をよく理解する」。with all due respectは、日本語の「失礼ながら、はばかりながら」のように、相手の発言に対して丁寧に反論するための前置きです。フォーマルな言い方ですが、使い勝手が良いので覚えておきましょう。

Advanced（上級編）★★★

Thank you for sharing your thoughts. I see what you are saying. However, I see it a bit differently.

あなたのお考えを共有していただきありがとうございます。あなたが言っていることは分かります。しかしながら、私は少し異なる見方をしています。

see ~ differentlyは「～を違った目で見る」。a bit（少し）を挟むことで、丁寧な控え目の表現になっています。

―機能―

45 やんわりと反論する

Situation こんなときあなたならどう言う？

あなたは、取引先の意見に反対です。

怒らせないように、
やんわりと反論します。

⚠ 品格不足な言い方

I disagree.

🦻)) こんなふうに聞こえます

私は反対です。

相手の意見や提案に賛成できないときには、それをしっかり伝えることは
必要です。ですが、このようなストレートな言い方をすると角が立ってし
まいます。

🔊 45

✦✦ 品格のある言い方 ✦✦

Basic（初級編）★★★

I have a different opinion.

私は違った意見を持っています。

相手の意見を真っ向から否定するのではなく、相手とは「違う意見」を持っていると言うと表現が和らぎます。

Intermediate（中級編）★★★

I have another way of looking at this.

私はこれについて別の見方をしています。

another（別の、もう一つの）を使うと、different（違った）と比べて、よりソフトな印象になります。

Advanced（上級編）★★★

I would like to come at this from another angle.

私は別の角度からこれに取り組みたいと思っています。

come at ~は、日本人には聞き慣れない表現ですが、英語ではよく使われます。複数の意味があり、ここでは「~に取り組む、~について考える」というニュアンスです。

Tips

come at ~には、「~に取り組む」以外にも、~に達する、~を攻撃する、真相をつかむ、といったさまざまな意味があります。このような「動詞＋前置詞（または副詞）」で構成される句動詞が苦手な人は多いですが、使いこなせると自然なネイティブらしさのある英語になります。

46 足りない点を指摘する

Situation こんなときあなたならどう言う?

あなたの部下がレポートを作成しました。

いくつか**足りない点**があったので
フィードバックします。

⚠ 品格不足な言い方

> I found many problems.

🦻)) こんなふうに聞こえます

> 私は多くの問題を
> 見つけました。

せっかく努力して作成した報告書に対して、問題があったことを初っ端に
指摘されると、言われた相手はがっかりしてしまいます。相手のやる気を
そがない工夫が必要です。

🔊))46

✦✦ 品格のある言い方 ✦✦

Basic（初級編）★★★

Your report just needs a few tweaks in order to be ready. Let me describe them.

あなたのレポートを完了させるためには少しだけ微調整が必要です。私に説明させてください。

tweak（微調整）は、日本人にはあまりなじみがないかもしれませんが、便利な単語です。微調整で大丈夫ですよ、という気軽な雰囲気になります。

Intermediate（中級編）★★★

Thank you for the hard work on the report. There are a few things that could be improved and I'd like to tell you about them.

レポート作成のための大変な努力に感謝します。改善できることが少しありますので、それらについてあなたにお話ししますね。

レポート作成にしっかり取り組んだことへの感謝を述べた後に、問題の指摘をしています。こうすることで、バランスの取れたフィードバックになります。

Advanced（上級編）★★★

Overall, your report is very good, and I can tell you put a lot of work into it. There are, however, a few areas that need further polishing. Let me tell you about them. The first one is...

全体として、あなたのレポートはとてもよくできており、あなたがそれに大いに力を注いだことが私には分かりました。しかしながら、さらに磨きをかける必要のある領域が少しあります。それらについて私にお話しさせてください。最初のものは……

further polishing（さらに磨きをかける）という表現に相手への配慮が感じられます。具体的に一つずつ改善点を伝えようとしているのもとても丁寧です。

─機能─
47 部下のミスを注意する

Situation こんなときあなたならどう言う?

あなたの部下が**納品物を**
間違えたため、取引先の担当者が
怒っています。**部下に注意**します。

⚠ 品格不足な言い方

> The client is angry!
> Why did you do that?

🔊)) こんなふうに聞こえます

> 取引先が怒っています!
> なぜあなたはそんなことを
> したのですか?

感情的になってただ相手を責めているように聞こえてしまいます。ビジネスでこのような怒り方は禁物です。

✦ 品格のある言い方 ✦

Basic（初級編）★★★

The client is unhappy about receiving the wrong item.
How can we avoid similar mistakes in the future?

....

取引先が間違った品物を受け取ったことを不満に思っています。私たちはどうしたら今度同様の間違いを避けられるでしょうか?

unhappy（うれしく思っていない、不満で）と、少し柔らかい表現で取引先の様子を伝えています。どうしたら間違いを防げるか一緒に考えようとしているのが建設的です。

Intermediate（中級編）★★★

There was a mistake and the client received the wrong item. Understandably, they were upset. We need to avoid this kind of thing happening. What suggestions do you have for preventing a reoccurrence?

....

間違いがあり取引先が誤った品物を受け取ってしまいました。当然のことですが、彼らは動揺していました。私たちはこのようなことが起きるのを防がなければなりません。再発防止のためにどんな提案がありますか?

まず事実を淡々と述べた後、その後の対応について丁寧に説明しています。upset（動揺する）という単語で、怒っていることをオブラートに包んで表現しています。reoccurrenceは「再発」。

Advanced（上級編）★★★

The wrong item was sent to the client, and they were very upset about it. As you are well aware, it reflects poorly on our company when things like this happen. Let's talk about what we can do in order to prevent a similar problem from happening in the future.

....

誤った品物が取引先に送られてしまい、彼らはそれについてとても動揺していました。あなたもよくご存じのように、このようなことが起こると私たちの会社の評判が悪くなります。同様の問題が今後起こるのを防ぐために、私たちに何ができるのか話し合いましょう。

reflects poorly on ~は「~のイメージに悪い影響を与える、~の評判を悪くする」の意味。間違いが与える影響を説明することでより丁寧になっています。

48 遅いと伝える

━━ Situation こんなときあなたならどう言う？

あなたの部下が、出勤時や打ち合わせに

いつも遅刻してくるので、
注意します。

⚠ 品格不足な言い方

You are late again!

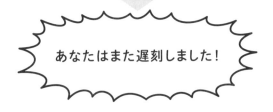 こんなふうに聞こえます

あなたはまた遅刻しました！

子どもを叱っているように聞こえてしまいます。アメリカでは、上司と部下であっても、大人が大人を叱るということは好まれません。

✦ 品格のある言い方 ✦

Basic（初級編）★ ☆ ☆

It seems that you are often late.
Please prioritize being on time.

あなたは遅刻することが多いようです。時間を守ることを優先してください。

It seems that...（……のように見える、思われる）を頭に付けると柔らかい印象になります。2文目は、書類の提出を促すときなどにも使える便利な表現です。prioritizeは「〜を優先する」。

Intermediate（中級編）★ ★ ☆

I noticed that you are often late.
This company values punctuality, so I suggest that you make an improvement in this area.

あなたが頻繁に遅刻していることに気付きました。この会社では時間を守ることに重きを置いているので、あなたがこの分野において改善するよう提案します。

「私は気付いたのですが……」と切り出したいときはnotice（〜に気付く）を使います。「会社が」改善を求めていると言うことで、直接的な印象を避けることができます。I suggest that...in this area.は、改善を促したい点がある場合に使える便利な表現です。

Advanced（上級編）★ ★ ★

I have noticed that it's become a pattern for you to be late arriving at work or returning from meetings. When you are late, it inconveniences customers and colleagues who need to talk to you. I expect you to make more of an effort to be punctual from now on.

あなたが遅れて出社したり会議から戻ったりするのが習慣になっていることに気が付きました。あなたが遅刻すると、あなたと話す必要のあるお客様や同僚に不便をかけてしまいます。私はあなたが今後時間を守る努力をもっとすることを求めます。

expect you to ~（あなたに〜することを求める）は、やんわりと指示を出すときに便利です。

—機能—
49 うるさいと伝える

---**Situation** こんなときあなたならどう言う?---

あなたは隣の部屋の**会議の声が気になり**ます。声が大きい人に少し**静かにしてほしい**と伝えます。

⚠ 品格不足な言い方

> Shh!

🎧)) こんなふうに聞こえます

> しーっ!

「静かにして」という気持ちは伝わりますが、丁寧な態度とは言えません。口の前に人差し指を立てるジェスチャーもおすすめしません。これでは親が子どもを叱るような印象です。

✦✦ 品格のある言い方 ✦✦

Basic（初級編）★★★

Could you please keep it down?

静かにしていただけますか？

keep it downは「静かにしてください」と言いたいときによく使う決まり文句です。覚えておきましょう。

Intermediate（中級編）★★★

Could I ask you to please keep your voices down?

あなた方の声の大きさを抑えてくださいとお願いしてもよろしいでしょうか？

Could I ask you...?と言うことでより丁寧な表現になっています。voicesが複数になっているのは、声の大きさを抑えてほしい相手が複数いるからです。

Advanced（上級編）★★★

You may not realize it, but your voices really carry. Could you please tone it down a bit?

お気付きでないかもしれませんが、あなた方の声は本当によく通ります。少しだけ声の調子を下げていただけますでしょうか？

You may not realize itと前置きをすることで、直接的すぎる印象にならないようにしています。carryは、「（音が）達する、届く」という意味。なお、tone down（声や色の調子を抑える）は、話の内容が周りに聞こえないよう声を小さくしてほしいと相手に頼む場合にも使えます。

50 問題点を指摘する

Situation こんなときあなたならどう言う?

あなたはレポートの翻訳を外注しましたが、納品された翻訳に**間違いが多く、問題を指摘**します。

⚠ 品格不足な言い方

> There are so many errors!

🦻)) こんなふうに聞こえます

> とてもたくさんの誤りがあります!

怒っているように聞こえます。また、どうしてほしいのかを伝えないと、相手は怒られたことに戸惑うばかりです。

⁺✦ 品格のある言い方 ✦⁺₊

Basic（初級編）★★★

The number of errors in this translation exceeds our standards.

この翻訳にある誤りの数は私たちの基準を超えています。

exceeds our standards（私たちの基準を超えている）と言うことで、客観的なフィードバックになり、「私があなたを非難している」という印象になりません。

Intermediate（中級編）★★★

I was disappointed to find many errors in the translation, in excess of our standards. Please fix them as soon as possible.

私たちの基準を超えて、翻訳に多くの誤りが見つかったことに私はがっかりしました。できるだけ早く修正してください。

日本語の感覚ではややダイレクトに感じるかもしれませんが、I was disappointed（私はがっかりしました）という気持ちを直接相手に伝えても問題ありません。

Advanced（上級編）★★★

I have reviewed the translation and was disappointed to discover many errors. The number far exceeds our standards. I would like you to take care of them right away. Also, we should discuss how to make sure these kinds of errors don't happen again.

翻訳を検品したところたくさんの誤りを見つけてがっかりしました。その数は私たちの基準をはるかに超えています。あなたにはすぐにそれらをなんとかしてほしいと思います。また、この種の誤りが確実に再び起こらないようにする方法についても私たちは議論する必要があります。

take care of ~は「〜をなんとかする、〜に対処する」、right awayは「すぐに」。再発防止のために議論しましょうという提案をしており、丁寧です。

51 違うものが届いたと伝える

Situation こんなときあなたならどう言う？

あなたが取引先に発注したものと

違うものが納品されたので、
苦情を伝えます。

⚠ 品格不足な言い方

> I got the wrong item.

👂)) こんなふうに聞こえます

⬇

> 間違った品物を
> 受け取りました。

ただ状況を伝えるだけでは問題の解決にはつながりません。相手にどうしてほしいのかを付け加えた方がよいでしょう。

✦ 品格のある言い方 ✦

Basic（初級編）★★★

I received the wrong item and would like to exchange it.

間違った品物を受け取ったので交換したいのですが。

間違った品物を受け取ったという今の状況だけでなく、相手にどうしてほしいのかをシンプルに伝えています。

Intermediate（中級編）★★★

Perhaps there was a mixup. I was expecting a blue basket, but I received a red one. How can we do an exchange?

おそらく行き違いがありました。青いバスケットを待っていましたが、赤いものを受け取りました。どうやって交換できますか？

事実を淡々と伝えた後でどう対応すればよいかを問うており、相手を責める感じがありません。Perhaps（おそらく）は文全体の表現を和らげています。

Advanced（上級編）★★★

There seems to have been a mistake with my order. I had ordered a blue basket, but what I received was a red basket. I'd like you to replace the red one with a blue one.

私の注文について間違いがあったようです。青いバスケットを注文しましたが、私が受け取ったのは赤いバスケットでした。赤いものを青いものに交換してほしいのですが。

seems（〜のようだ）を使うことによって表現が和らいでいます。replace（〜を交換する）はexchangeと同じ意味ですが、こういったケースでは、ネイティブはreplaceをよく使います。

52 情報共有が足りないと伝える

Situation こんなときあなたならどう言う？

取引先と進めるプロジェクトの

進行状況が見えづらいため
「情報共有が足りない」と伝えます。

⚠ 品格不足な言い方

> You don't report
> enough. I'm nervous.

👂⟩⟩ こんなふうに聞こえます

> あなたは十分に報告して
> くれていません。
> 私は不安に思っています。

進捗の報告がないことについて、相手を責めているように聞こえます。また、私は nervous（緊張している、不安な）だ、といきなり気持ちを伝えるのは大げさな感じがします。

✦ 品格のある言い方 ✦

Basic（初級編）★★★

I'd like you to please update me regularly on your progress.

....

あなたの進捗を定期的に私に教えていただきたく思っています。

進捗の報告がないことへの不満ではなく、相手にどうしてほしいかを伝えています。ソフトな言い方です。

Intermediate（中級編）★★★

I'm wondering how you are progressing with the tasks. Please check in with me more frequently.

....

私はあなたがどのようにタスクを進めているのかなと思っています。もっと頻繁に私に連絡してください。

I'm wondering...（私は……かなと思う）で、進捗を心配していることを柔らかく伝えています。check in with someoneは、「話すために人に連絡を取る」。

Advanced（上級編）★★★

I'd like to have a better understanding of your progress so that I can support you as needed. Let's have a status meeting once a week so that you can catch me up on where you are with the various tasks. Also, we can consider putting in place a cloud-based tool for tracking task completion.

....

必要に応じてあなたをサポートできるようにあなたの進捗への理解をより深めたいと思います。週に1回定例会議を開きさまざまなタスクにおいてあなたがどの段階にいるのかを私が把握できるようにしてください。また、タスクの完了を追跡するためのクラウドベースのツールの導入を検討することもできます。

「あなたをサポートするために進捗状況を知りたい」と言うことで、好感を与えます。具体的な提案しているのも丁寧です。cloud-based toolという単語は覚えておくとよいでしょう。

会話にうまく割り込むには？

　取材相手の中にはサービス精神旺盛で、質問の答え以外のことも大いに話してくれる饒舌な人がいる。しかし、そのままにしておくと相手のペースに巻き込まれてしまうので、途中でさえぎるしかない。ベストと思ったタイミングを逃さない方法は、相手が次の話に行く前に間髪を入れず、Which leads (brings) me to the next question.（そこで私は次の質問に進もうと思うのですが）と繰り出すことだ。このwhichは、相手が今言ったことを指す。

　I don't mean to be rude, but ...（失礼なことをしたくないのですが……）、I don't mean to interrupt, but ...（さえぎるつもりはないのですが……）などとさらっと言うだけで、相手は聞く耳を持ってくれる。また先にIf I may（もしよろしければ）を付けて、If I may, I would like to add one more thing.（もしよろしければ、もう一つ付け加えたいのですが）などと言えば、相手は快くGo ahead.（どうぞ）と受け入れてくれるだろう。

　会議などでは、本来相手の話が終わってからまとめて意見を言うのがベストであるが、プレゼンターが数字などを間違った場合、その都度指摘した方がいい。割り込み方としては、Excuse me.よりもPardon me.の方が丁寧に響く。

　自分の意見を挟むときに謙遜したい場合は、for what it's worth（あくまでも私の意見ですが）を付けるとよい。it's worth for ...は「……の価値がある」ということだ。例えば、For what it's worth, I think that is not a good idea.（あくまでも私の意見ですが、それはいいアイデアではないと思います）と言う。

　面白い言い方にLet me get in my two cents.があり、文字通りには「私の2セント（の価値しかない意見）を入れさせてください」で、「（求められていない）私の意見を述べさせてください」といった意味になる。ただし、文脈によっては皮肉に聞こえるので注意が必要だ。（大野和基）

6

交渉
（価格交渉、無理なお願いなど）

少々無理なお願いや、価格交渉など
ビジネスには交渉がつきものです。
相手の気持ちを尊重しながら
良い結果を引き出すには
丁寧で洗練された表現が役立ちます。

―機能―
53 コピーなどの作業を頼む

Situation こんなときあなたならどう言う？

あなたは**会議の準備**で資料を

大量にコピーする必要があり、

同僚や部下に**作業をお願い**します。

⚠ 品格不足な言い方

I need you to do this.

🔊)) こんなふうに聞こえます

あなた方にこれをやって
もらう必要があります。

need you to ~（あなたに～をやってもらう必要がある）という表現を使う
と、命令のように聞こえます。

◀)) 53

✦✦ 品格のある言い方 ✦✦

Basic（初級編）★★★

I'd like to get your help with something. Can you make copies of these materials for the meeting?

ちょっとあなたの助けをお借りしたいのですが。会議のためにこれらの資料のコピーを作成していただけますか？

1文目は、何かを頼みたいときに使える便利な表現です。Could you do me a favor?（ちょっとお願いしてもよろしいですか？）も、同じように使えます。

Intermediate（中級編）★★★

Would you have time to help me with something?
I need help copying some materials for the meeting.

ちょっと私を手伝う時間はありますでしょうか？　私は会議のためにいくつかの資料をコピーしてくれる手助けを必要としています。

1文目はI was wondering if you could do me a favor.（お願いを聞いていただけないかと思っていたのですが）と言うこともできます。need help -ing ~（～を……する手助けを必要としている）という表現を使って、どのような作業をお願いしたいのかを具体的に説明しています。

Advanced（上級編）★★★

I would really appreciate your help with something. Do you have some time? These materials need to be copied for the meeting. Would you be able to do it?

ちょっとあなたに手助けしてもらえたら本当にありがたいのですが。時間はありますか？　これらの資料は会議のためにコピーする必要があるのです。あなたはできますでしょうか？

These materialsを主語にしたこなれた表現で、どんな手助けが必要なのかを伝えています。

54 もっと手伝ってと伝える

Situation こんなときあなたならどう言う？

同僚と一緒にプロジェクトを進めて

いますが、あなたの**作業量が多い**

ため「**もっと手伝って**」と伝えます。

⚠ 品格不足な言い方

> Why don't you help me more?

🔊)) こんなふうに聞こえます

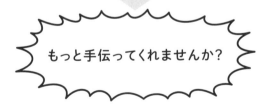

もっと手伝ってくれませんか？

Why don't you ~ ? には「どうして〜してくれないのですか？」というニュアンスがあるので、相手を責めているような雰囲気になってしまいます。

⁺✦ 品格のある言い方 ✦⁺

Basic（初級編）★★★

I have too many things to do and need some help. Would you be able to help with some of them?

私にはやるべきことが多すぎていくらか助けが必要です。それらのうちのいくつかを
あなたに手伝っていただくことはできますか？

初めに自分が困っている状況を丁寧に伝えると、手伝いの依頼がぶしつけになりません。

Intermediate（中級編）★★☆

It's becoming difficult for me to handle all of the tasks assigned to me. Would you be able to lend a hand with some of them?

自分に割り当てられたすべてのタスクをさばくのが難しくなってきています。それら
のいくつかに手を貸していただくことはできますか？

lend a hand with ~（〜に手を貸す）は、helpより少し洗練された表現です。

Advanced（上級編）★★★

I am overwhelmed with the amount of work, and I am having trouble keeping up. I really could use some help. Do you have any time that you could spare to lend me a hand? I would very much appreciate it.

私は仕事量に圧倒されており、頑張り通すのは困難です。私にはいくらかの手助けが
本当に必要なのです。私に手を貸すことに割ける時間はありますか？　そうなら大変
ありがたいのですが。

could useは「〜を必要としている」という意味。spare（[時間など]を割く）には「余って
いるものを共有する」というニュアンスがあり、「余力があれば手伝って」という柔らかい印象
になります。

─機能─
55 特別な手配をお願いする

Situation こんなときあなたならどう言う?

あなたは取引先とランチミーティングをすることになりました。**アレルギー**のため**エビを除いて**と頼みます。

⚠ 品格不足なやり方

（事前に伝えず
ランチの場で言う）

🔊)) こんなふうに感じます

（いきなり言われても……）

ランチミーティングをすることが分かっているのであれば、食べられないものについてはメールや電話で事前に伝えておくことが大事です。

◀)) 55

✦✦ 品格のある言い方 ✦✦

Basic（初級編）★★★

I can't eat shrimp, due to an allergy.

....

私はアレルギーのためにエビを食べることができません。

エビアレルギーがあることをシンプルに伝えています。due to an allergyは、「アレルギーのために」という意味です。

Intermediate（中級編）★★★

I have an allergy to shrimp. Please let me know if any of the dishes contain shrimp, so I can avoid them.

....

私はエビに対するアレルギーがあります。もしいずれかの料理にエビが含まれている場合は、私がそれを避けられるように教えてください。

have an allergy to ~は「~に対するアレルギーがある」と伝える表現です。

Advanced（上級編）★★★

Just so you know, I'm allergic to shrimp, so I would like to avoid any dishes that have shrimp in them. Even a small amount of shrimp can give me a bad reaction, so it's important that I completely avoid it.

....

一言申し上げておきますが、私はエビに対してアレルギーがあるので、エビが入っている料理はすべて避けたいと思います。少量のエビでさえ私に悪い反応を起こさせる可能性があるので、私が完全にそれを避けることは重要です。

Just so you knowは「念のために言っておきますが」という少しかしこまった表現です。

Tips

食事をする相手にアレルギーの有無を聞きたいときは、Do you have any allergies?（何かアレルギーはありますか？）や、Are you allergic to anything?（何かに対してアレルギーはありますか？）と言います。

56 無理なお願いをする

Situation こんなときあなたならどう言う?

会議中、あなたの**携帯電話に電話**がかかってきました。どうしても出る必要があり、**中座させてもらい**ます。

⚠️ 品格不足な言い方

I'm sorry.

👂)) こんなふうに聞こえます

申し訳ありません。

会議の途中で唐突に謝られても、何のことなのか相手にはさっぱり分かりません。最低限、なぜ申し訳ないのかを伝えたいものです。

🔊 56

✦✦ 品格のある言い方 ✦✦

Basic（初級編）★★★

I'm sorry, but I need to take this call.

....

申し訳ありませんが、この電話に出る必要があります。

相手への非礼をお詫びした上で、何をしたいのかを簡潔に伝えています。

Intermediate（中級編）★★★

I apologize, but this is an urgent call and I really need to take it.

....

申し訳ございませんが、これは緊急の電話でありどうしても出なければなりません。

I apologizeはI'm sorryよりかしこまった雰囲気で、洗練された表現です。電話に出なければならない理由を説明することで、丁寧な印象になります。

Advanced（上級編）★★★

I'm sorry to interrupt the meeting, but it's important that I take this urgent phone call. I'll be back in a moment.

....

会議を中断して申し訳ありませんが、この緊急の電話に私が出ることは重要です。すぐに戻ります。

何に対して申し訳ないのかを簡潔に説明し、すぐに戻ることも言い添えているので、待たせている間、相手を不安にさせることもありません。phone call（電話）はcallより丁寧な言い方です。

─機能─ 57 価格交渉をする

― **Situation** こんなときあなたならどう言う？ ―

あなたはウェブサイトへの広告出稿を検討していますが、**提案された金額**が高すぎるので**価格交渉**します。

⚠ 品格不足な言い方

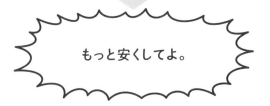

Please make it cheaper.

👂)) こんなふうに聞こえます

もっと安くしてよ。

いきなり「安くして」とお願いするのはあまりに直接的です。また、Please は相手にプレッシャーを与えることもある単語です。口調、表情、身振りで全く違うニュアンスになるということを覚えておきましょう。

◀)) 57

✦·✦ 品格のある言い方 ✦·✦

Basic（初級編）★★★

Is there any room for negotiation on the price?

価格について交渉する余地はありますか？

Is there any room for ~?（〜の余地がありますか？）は、他にIs there any room for improvement?（改善の余地がありますか？）などのように使える、丁寧な打診の表現です。

Intermediate（中級編）★★☆

Unfortunately, we can't afford that price. Is there any possibility of lowering it?

残念ながら、私たちにその価格を支払う余裕はありません。価格を下げる可能性はありますか？

can't affordは、できることならしたいけれど手が届かないというニュアンスがあります。Is there any possibility of ~?（〜する可能性はありますか？）は初級編と同じく丁寧な打診の表現です。

Advanced（上級編）★★★

We would love to be able to put an ad on your website, but unfortunately, the price you mentioned is outside of our budget constraints. Do you have any flexibility on the price?

あなたのウェブサイトに広告を掲載できるようにしたいと考えていますが、残念ながら、ご提示の価格は私たちの予算の制約を超えています。価格に柔軟性はありますか？

最初に、広告出稿について前向きに考えていることを伝えています。budget（予算）だけでも意味は通じますが、budget constraints（予算の制約）の方が難度が高く洗練された印象を与えます。

—機能—
58 スケジュールの交渉をする

Situation こんなときあなたならどう言う？

あなたは取引先から提案された

納期が遅すぎると感じたため、
前倒しの交渉をします。

⚠ 品格不足な言い方

Please make it faster.

🔊)) こんなふうに聞こえます

もっと早くしてよ。

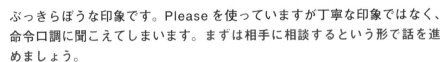

ぶっきらぼうな印象です。Please を使っていますが丁寧な印象ではなく、命令口調に聞こえてしまいます。まずは相手に相談するという形で話を進めましょう。

◀)) 58

✦✦ 品格のある言い方 ✦✦

Basic（初級編）★★★

Is there any way you can speed it up?

御社がスピードアップできる方法はありますか？

可能である前提で、早めてほしいと相談している印象ですが、失礼ではありません。

Intermediate（中級編）★★★

It would help us a lot if you could speed it up.
Is there anything you can do?

御社がそれをスピードアップできるなら、私たちは非常に助かります。何か御社にできる方策はありますか。

「早めてもらえたら自分たちはとても助かる」という気持ちを初めに伝えることで、スケジュールの前倒しを相手に検討してもらいやすくなります。

Advanced（上級編）★★★

It's going to create a lot of problems for us if it's delayed. I'm wondering if there is anything you can do to cut down on the time needed. We would really appreciate it.

もし遅れると、私たちに多くの問題が発生します。必要な時間を短縮するために御社にできることが何かあるのではないかと思います。そうであれば本当に感謝します。

3つの文章で丁寧に話を進めています。要素が増え、表現が高度になり、文章構造が複雑になったことでより洗練された印象になっています。

Tips

「スピードを出す」という意味の表現にはspeed it upの他にstep on the gasがあります。アクセルを踏む、から転じた味のある表現で、口語的ですがよく耳にします。

スモールトークで分かる真の英語力

　インタビューを軽いsmall talk（スモールトーク）から始めると、それが効果的なicebreaker（アイスブレーカー＝緊張をほぐすもの）になることが多い。例えば来日した相手に私がよく使うのは、How was your flight?（フライトはいかがでしたか？）である。そこから相手が使った航空会社の話になり、どの航空会社のマイレージプログラムがベストだと思うか、それはなぜか、と話が進んでいったりする。その間に相手の緊張が解けてくるのだ。

　さらに、「決まって実行するtricks to beat jet lag（時差ボケ対策）はあるか」など、時差ボケの話に発展することもある。来日して1週間も経っているなら、jet lag（時差ボケ）を動詞として使い、Are you still jet-lagged?（まだ時差ボケしていますか？）と聞くことができる。Yes.という答えが返ってくれば、私ならこう言うだろう。I will let you in on my tricks. The most effective one would be to stay awake for the next 48 hours.（私の対策をこっそり教えてあげましょう。最も効き目のある方法は、これから48時間起きていることです）。let you in on ~ は「～をこっそり教えてあげる」といった意味だ。もちろんこれは冗談で、こういった話をしている間に、相手も本題に入る心の準備ができてくるのである。

　実は、一見他愛もないsmall talkで、その人の真の英語力が分かってしまう。ある著名な日本の科学者は、自分の専門分野である生物の話は英語で難なくできるが、ニューヨークに行ったとき、スーパーのレジのおばさんとの会話が全くできなかったと言っていた。日本語であれば難なくできるただの世間話が、できないのである。これでは「あの人は英語が話せない」と言われても仕方がない。small talkが自然にできるようになるには、日ごろから専門分野以外の本や新聞記事などを幅広く読むのがベストである。（大野和基）

CHAPTER

7

文化的・社会的背景に 関する知識が必要な話題

グローバルにビジネスをするには
言葉だけでなく、相手の国の
文化的・社会的背景を知る必要があります。
ここでは、お悔やみと謝罪について
文化の違いにフォーカスしながら紹介します。

─機能─
59　お悔やみを伝える

> **Situation** こんなときあなたならどう言う？
>
> あなたの**仕事仲間のご家族が**
> **亡くなり**ました。
> **お悔やみ**の気持ちを伝えます。

⚠ 品格不足なやり方

（その話に触れない）

🎧)) こんなふうに感じます

（何とも思ってないんだ……）

家族を失い、悲しみにくれる人にどのような言葉を掛ければよいのかと躊躇してしまうこともあるでしょう。しかし、何も言わないというのはアメリカの文化ではありえません。相手を思いやる言葉を伝えるのは重要です。

🔊)) 59

✦✦ 品格のある言い方 ✦✦

Basic（初級編）★★★

I'm so sorry to hear about your loss.
Please accept my sincere condolences.

....

あなたの失ったものについてとてもお気の毒に思っています。心からお悔やみ申し上げます。

your lossは、家族、周りの人、ペットなどを失ったことを指します。2文目は決まり文句です。

Intermediate（中級編）★★★

My heart goes out to you at this difficult time. May she rest in peace.

....

私の心はこの困難なときを過ごしている皆様のおそばにあります。ご冥福をお祈りします。

May she...のsheの部分は、亡くなった方の性別によって変わります。

Advanced（上級編）★★★

I'm very sorry to hear about the loss of your mother. I really enjoyed meeting her last year, and her beautiful smile made a big impression on me. I hope you will cherish your memories of her.

....

あなたのお母さんが亡くなったということを聞き、とてもお気の毒に思っています。昨年彼女と会って本当に楽しく、美しい笑顔がとても印象的でした。彼女の思い出をどうぞ大切にしてください。

故人を直接知っていたら、その方との思い出を話すことがよくあります。知らなくてもHer smile in the picture is beautiful.（写真の彼女の笑顔は素晴らしい）など、故人に対する好意的な思いを伝えます。

Tips

お悔やみとしてメッセージとともにお花を贈ることが多いですが、お花の代わりに、亡くなった人がサポートしていた慈善事業に寄付をするということもよくあります。

60 謝罪する

Situation こんなときあなたならどう言う?

あなたが進めるプロジェクトで

問題が発生し、**納期を守れなく**なりました。**取引先に謝罪**します。

⚠️ 品格不足な言い方

There is no excuse.

🦻)) こんなふうに聞こえます

弁解のしようがありません。

説明不足で、不信感を持たれてしまいます。アメリカでは、謝罪をするときに、なぜそのようなことになってしまったのかという理由を説明しないと、不誠実に受け取られたり納得してもらえなかったりします。

🔊 60

✦✧ 品格のある言い方 ✧✦

Basic（初級編）★★★

Unfortunately, there has been a problem with production.
As a result, the delivery will be late. We are very sorry.

あいにく、生産に問題がありました。結果として、納入が遅れます。大変申し訳ありません。

納期が遅れる理由を伝えた上で、謝罪しています。

Intermediate（中級編）★★★

I'm sorry to tell you, but we have had a problem with the production and delivery will be delayed. We sincerely apologize.

残念なことですが、生産に問題があり納入が遅れます。心からお詫び申し上げます。

sorryよりかしこまったapologizeにsincerely（心から）を付けてさらに丁寧になっています。

Advanced（上級編）★★★

I'm sorry to have to tell you this, but a problem has occurred on the production line. We are doing our best to fix it quickly, but this will result in a delivery delay. We are very sorry for the inconvenience, and appreciate your understanding.

申し上げにくいのですが、生産ラインで問題が発生しました。すぐに修正できるよう最善を尽くしておりますが、これにより納入が遅れます。ご不便をおかけして申し訳ありません、また、あなたのご理解に感謝いたします。

appreciate your understandingと添えることで受け入れてもらいやすくなります。

Tips

責任問題になるので、謝るのは100％悪いときです。相手にも悪いところがある場合は、I'm sorry that this happened.（このようなことが起きて残念です）などと言います。

undo（元に戻す）できない時代が やってきた

　昔のテクノロジーは多くの場合、間違いや失敗から学ぶことができた。しかし、最近のテクノロジーは恐ろしいことに、人間がいったん間違いを犯すと、人類滅亡の危機にさらされる可能性がある。例えばAGI（Artificial General Intelligence：汎用人工知能）が実現すれば、人間よりも知恵が付いて、人類を滅亡させることができると言われている。SFの世界の話であると一蹴する人もいるが、AI研究者の中には、AGIはいずれ達成されると信じている人も多い。

　理論物理学者であるMIT（マサチューセッツ工科大学）のマックス・テグマーク教授もその一人である。近著 *Life 3.0*（邦訳『LIFE 3.0──人工知能時代に人間であるということ』紀伊國屋書店刊）の中でテグマーク氏はその可能性を詳説し、彼にインタビューしたとき、When the technology gets as powerful as nuclear weapons, and particularly AGI, we don't want to learn from mistakes.（テクノロジーが核兵器や、特にAGIのようにパワフルになると、間違いから学ぼうと思わなくなる）と話していた。私はそのとき、「最近のテクノロジーにはundo（元の状態に戻す）できないものがある」という表現を使って話を進めていた。undoは「un+動詞」の形で、「（行為を）元に戻す」という意味になる。例えばunbuttonは「ボタンを外す」である。coverしたものをuncoverすると、「暴露する」とか「明らかにする」となる。learnにunを付けて、unlearnにすると「学んだことを意識的に忘れる、捨て去る」。unfriendはSNSでfriendとして登録したユーザーをそのリストから外すことである。

　人生には1回の間違いや失敗で取り戻しがきかない場合もある。日本語の格言では「覆水盆に返らず」と言うが、英語ではこうなる。What's done cannot be undone.（大野和基）

ロッシェル・カップ

×

大野和基

品格ある英語表現を
日本人が学ぶ意義とは？

 61-64

ロッシェル・カップさんと大野和基さんは、長年の友人同士。2017年に出版された共著『英語の品格』（集英社インターナショナル）は二人が10年以上前から温めていたアイデアをまとめたものです。本書の刊行後、大野さんが聞き役となってアルクで行われた英語での対談をお楽しみください。日本人が「品格ある英語表現」を学ぶ意義が、より明確になるはずです。

※ENGLISH JOURNAL 2018年1月号より転載

The Subtleties of English 🔊61

Kazumoto Ohno: What made you aware of the ❶difficulties and ❷subtleties of English, even for native speakers?

Rochelle Kopp: Uh, that's a good question. I think it probably started out for me when I was in high school, um, and the ❸SAT — which is the s—test that's generally used in the United States for college entrance — ❹has a really big emphasis on vocabulary words. And so, I spent just an ❺inordinate n—amount of time in high school s—studying new vocabulary. And there are so many different words that meant very ❻specific things and that were used in certain situations. And so, I think trying to learn all those words gave me a sense of how ❼expressive English could be.

Ohno: Even our everyday vocabulary is ❽dauntingly huge. Uh, for the Japanese learners of English, what is, uh, your advice, or ❾tips when they want to learn more and more, uh, vocabulary?

---

❶**difficulties** ★『英語の品格』（ロッシェル・カップ、大野和基 共著）の「イントロダクション」に、英語が「とても複雑で覚えにくい言語」であるという記載がある。

❷**subtlety** 繊細さ、デリカシー
★p.146、下から6行目のsubtleは形容詞で「微妙な、繊細な、控え目な」の意。

❸**SAT** 大学進学適性試験
★＝Scholastic Assessment Test。アメリカの大学への進学希望者を対象に行われる全国共通試験。

❹**have an emphasis on ~** 〜に重きを置く、〜を重要視する

❺**inordinate** 過度の

英語の繊細さ

大野和基：何がきっかけで、ネイティブスピーカーにとってさえ英語が難しく、繊細であることに気付いたのですか?

ロッシェル・カップ：ああ、それはいい質問ですね。たぶん最初に気付いたのは、高校生の頃です。そしてSAT、これはアメリカで一般的に大学入試に用いられる試験なのですが、その試験は、語彙、単語に大きな比重を置いています。だから、私は高校生活の中で、とにかく過剰なほどの時間を、新しい語彙を学ぶのに費やしたのです。すると、非常に限られた事柄を意味するのに、とても多くの異なる単語があり、それらが特定の状況で使われていることがわかりました。ですから、そうしたたくさんの単語を学ぼうとする中で、英語がどれほど表現豊かになり得るのか、という感覚が得られたのだと思います。

大野：日常的な語彙でさえ、気が遠くなるほどたくさんあります。その、日本人の英語学習者が、もっともっと多くの語彙を学びたいと思ったとき、どのようなアドバイス、もしくはヒントがありますか?

❻**specific** 特定の、特定の意味・目的を持った

❼**expressive** 表現力豊かな、表現に富む

❽**dauntingly** 圧倒されるくらい、気が遠くなるほど

❾**tip** 助言、ヒント、こつ、秘訣

Kopp: Uh, there's, there's different ways you can do it. And, actually, the best thing I think it's important to do is to ⑩keep a notebook or journal of every new vocabulary word that you ⑪encounter. Either when you're reading English, or listening to English, or talking to somebody, if you encounter a new word, either that you ⑫look up, or that someone ⑬defines for you, you should write it in your journal and then ⑭review that ⑮periodically to help ⑯cement that knowledge in your mind. It'll make it a lot easier to remember the vocabulary.

Ohno: Why do you think that Japanese people have come to ⑰assume English is a ⑱straightforward language?

Kopp: I'm not sure I have the exact answer, but what I think the problem is, is ⑲it's really a matter of ⑳degree. Uh, the Japanese language is very subtle and has a lot of great ways to be very ㉑indirect or to ㉒give hints. And for someone who's coming from a Japanese language ㉓perspective, English probably seems much more like a ㉔blunt ㉕instrument. Um, however, if you really look at the way that English is spoken, it's much more ㉖complicated than that. But I think perhaps Japanese are only looking at the ㉗superficial ㉘aspects of English.

⑩**keep a journal** 日記をつける	⑮**periodically** 定期的に、周期的に
⑪**encounter** （〜に）出合う、（〜に）出くわす	⑯**cement** 固める、強固にする
⑫**look up ~** 〜を調べる	⑰**assume (that) ...** ……であると想定する、……であると思い込む、当然……だと見なす
⑬**define** 説明する、意味を明確にする	⑱**straightforward** 単刀直入な、単純な
⑭**review** 復習する	

カップ：そうですね、いろんな方法で学べると思います。そして実はいちばん重要だと思うのが、新しい語彙に出合うたびに、ノートや日記に書き留める、ということです。英語を読んでいるときであれ、英語を聞いているときであれ、誰かと話しているときであれ、新しい単語に出くわしたら、それを調べたり、誰かに意味を説明してもらったりして、それを日記に書いて、その知識を頭に定着させるために、定期的に復習するべきです。そうすることで、ずっとたやすく、その語彙を覚えることができるでしょう。

大野：日本の人々が、英語というのは、単刀直入な言語だと思い込むに至ったのは、なぜだと思いますか？

カップ：正確な答えになっているかどうかわかりませんが、何が問題だと思っているかというと、本当に、程度の問題だと思うのです。さて、日本語という言語はとても繊細で、非常に間接的に伝えたり、暗示したりするのに、たくさんの素晴らしい方法があります。そして、日本語的な視点を持つ人からすれば、英語はたぶん、ずっと単純な道具のように思えるでしょう。ですが、英語が話されている様子を、よくよく見てみると、その印象よりずっと複雑だということがわかります。でも、ひょっとすると日本人は、英語の表面的なところしか、見ていないのかもしれません。

⑲**it's a matter of ~** ～の問題である

⑳**degree** 度合い、程度

㉑**indirect** 間接的な、遠回しの

㉒**give a hint** 暗示する、ほのめかす

㉓**perspective** 視点

㉔**blunt** ぶっきらぼうな、単刀直入の

㉕**instrument** 道具、手段 ★blunt instrumentは、「鈍器」の意味でよく使われる。

㉖**complicated** 複雑な、理解しにくい

㉗**superficial** 表面的な、外見上の

㉘**aspect** 様子、外見、側面

Let's Agree to Disagree 🔊 62

Ohno: Um, in Japan, English teachers say that we have to be always clear in the answers —yes or no — when you, you speak in English. There are no ㉙ambiguous answers. But is this basically right?

Kopp: Well, I do think I would give that advice for Japanese, because I do think there are a lot of ㉚misunderstandings when Japanese are not ㉛sufficiently clear in their communications with people outside of Japan. I see many of those types of misunderstandings in my work as a ㉜consultant. So, in English there's a lot of ways to have ㉝gray ㉞shades, ㉟in terms of not being completely yes or no. Um, but if it is possible to be more clear, I think that's probably better.

㉙**ambiguous** 曖昧な

㉚**misunderstanding** 誤解

㉛**sufficiently** 十分に

㉜**consultant** コンサルタント、相談役 ★カップは、職場における異文化コミュニケーションと人事管理を専門とする経営コンサルタントとして活躍している。

㉝**gray** グレーゾーンの、中間的な、どっちつかずの

㉞**shade** 色合い、色調

㉟**in terms of ~** ~に関しては、~の観点では

見解の相違を認め合おう

大野：日本では、英語の先生たちが、英語で話すときは、イエスかノーか常にはっきり答えないといけない、曖昧な答えはないのだ、と言います。でも、これは基本的に正しいのですか?

カップ：まあ、確かに、日本人に対しては、私はそのようなアドバイスをすると思います。なぜなら、日本人が、日本国外の人々とコミュニケーションをとる際、十分明快な伝え方をしないために、誤解が生じることが多いように思うからです。そうした類いの誤解は、コンサルタントとしての私の仕事でも、よく見受けられます。ですから、英語には、完全にイエスかノーではないという意味で、グレーな色合いを表現する術も、たくさんあります。ですが、より明快に伝えることができるなら、おそらくその方がいいでしょう。

Ohno: If I don't agree with you, if I say, "I disagree with you," how does it sound to you?

Kopp: Well, it depends a lot on the tone of voice, and it also depends a lot on what our previous relationship is and how well we know each other, and the whole ㊱context. But I would say, ㊲in general, it's probably gonna ㊳work better with an American to say, "I disagree with you," than it would to say it in that straightforward way with a Japanese person.

Ohno: Then, what would you say — otherwise, I mean — in a different way?

Kopp: Yes, I was gonna say, "I've a different opinion," "I've another way of looking at it," um, "I'm thinking about it in a different way," "I have another ㊴viewpoint."

Ohno: I think it i—it is extremely difficult for the Japanese to find a ㊵happy balance between, uh, being clear and being ㊶polite or ㊷sophisticated.

㊱**context** 文脈、状況

㊲**in general** 一般的に、概して

㊳**work** 機能する、効く、うまくいく

㊴**viewpoint** 視点、観点、見方

㊵**happy** 適切な、巧みな

㊶**polite** 丁寧な、洗練された

㊷**sophisticated** 洗練された

大野：あなたに賛同しないという場合に、もし私が「I disagree with you.（あなたに同意できません）」と言ったら、どう聞こえますか？

カップ：まあ、声の調子によるところが大きいですし、それまでのお互いの関係、どの程度の知り合いなのか、そうした文脈すべてにもよります。ですが、一般的な話として、アメリカ人に「I disagree with you.」と言う方が、日本人にストレートな言い方で言うより、うまくいくと思いますね。

大野：では、ほかの言い方はありますか？　つまり、違う言い方をするならば。

カップ：ええ、私なら「I've a different opinion.（違う意見です）」、「I've another way of looking at it.（別の見方をしています）」、「I'm thinking about it in a different way.（違うふうに考えています）」、「I have another viewpoint.（別の視点を持っています）」などと言いますかね。

大野：日本人にとって、明快に話すことと、丁寧だったり、洗練された言い方をしたりすることの、ちょうどいいバランスを見つけ出すのは、とても難しいことだと思います。

Kopp: I think that's actually very difficult for native speakers of English as well. And so, if you go to a bookstore in the U.S., and you look at the books that are there, there are a lot of books about how to communicate ㊸effectively and how to ㊹get your point across but how to do it ㊺in a nice way. So, I think it's something that Americans ㊻struggle with also. So, I think Japanese shouldn't ㊼beat themselves up too much if they're finding that's difficult.

Ohno: But do you think that there are things that we can do?

Kopp: Well, I think ㊽being conscious, um, of how you're communicating is very important. And I think, ㊾particularly with Americans, it's very important to ㊿balance positive messages with negative messages — that Americans (51)tend to have a habit of before delivering some bad news or some negative message, they like to start by saying something positive first. So, let's say someone really (52)messed something up, you might say, "Well, I know you were really trying your best, but …" So, we'd try to find some positive thing to say first. Now, that's something that tends to work really well for Americans.

㊸**effectively**　効果的に、効率的に
★p. 158最終行のeffectiveは形容詞で「効果的な」の意。

㊹**get one's point across**　自分の言いたいことを伝える、自分の意見を人にわかってもらう

㊺**in a nice way**　遠回しに、それとなく

㊻**struggle with ~**　～に苦労する、～に奮闘する

㊼**beat oneself up**　自分を責める

㊽**be conscious of ~**　～を意識している、～を自覚している

㊾**particularly**　とりわけ　★p. 158、下

カップ：それは、実は英語のネイティブスピーカーにとっても、非常に難しいことだと思いますよ。だからこそ、アメリカの書店に行き、そこに並んでいる本を見れば、効果的なコミュニケーションの方法、自分の意見を伝える方法、しかもそれを失礼にならずに伝える方法について書かれた本が、たくさんあります。ですからそれについては、アメリカ人も苦労しているのだと思います。だから、日本人がその点を難しく感じるからといって、あまり自分を責めることはないと思います。

大野：ですが、私たちにできることはあると思いますか?

カップ：そうですね、自分がどのようにコミュニケーションをとっているのかを意識することは、とても重要だと思います。そして、特にアメリカ人の場合、肯定的なメッセージで、否定的なメッセージとのバランスを取ることが、とても大事です。アメリカ人は、悪いニュースや、否定的なメッセージを伝えるときには、まず肯定的な発言から始める習慣がついていることが多いのです。だから、例えば、誰かが大失敗を犯してしまったとすると、「まあ、あなたは本当に最善を尽くしたのだと思いますよ、ですが……」というふうに、言うかもしれません。つまり、何かしら肯定的なことを探して、最初に言うようにするのです。そうすれば、アメリカ人の場合、非常に効果的な場合が多いです。

から6行目のparticularは形容詞で「特定の」の意。

(50) **balance A with B**　AとBのバランスを取る

(51) **tend to do**　～しがちである、～する傾向がある

(52) **mess ~ up**　～を間違える、～を失敗する、～をしくじる

I wouldn't recommend that with a lot of people from Europe — they tend to find that very (53)fake and (54)insincere sounding. So, again, it depends on your audience, but for Americans [I find] that that works well.

A Japanese Fascination 63

Ohno: How did you become interested in learning the Japanese language?

Kopp: Well, my, um, hobby in high school was (55)artwork, and I (56)was fascinated by Japanese art. And I grew up in Chicago, and there's an excellent ukiyo-e collection at the (57)Chicago Art Institute. And I got this idea: "Wow, it would be really great to read the (58)characters on the ukiyo-e and know what they said." And so I, I also wanted to have a career in business, and I thought, well, if I learn Japanese, it'll be a useful skill for a future career and also will be something really fun from the cultural side.

Ohno: And then, you are now using your skills in the Japanese language?

Kopp: Yes, (59)every single day.

(53)**fake**　偽の、やらせの

(54)**insincere**　不誠実な、偽善的な

(55)**artwork**　芸術品、工芸品、芸術品の製作

(56)**be fascinated by ~**　～に魅了される　★見出しのfascinationは名詞で「魅了、魅惑」の意。

(57)**Chicago Art Institute**　シカゴ美術館　★正式名称はThe Art Institute of Chicago。1879年開館。メトロポリタ

多くのヨーロッパ出身の人に接するとき、それはお勧めしません。彼らはそのようなメッセージを、非常に嘘っぽく、偽善的に聞こえると感じる傾向があるからです。ですから繰り返しますと、誰に向けられた言葉なのかによりますが、アメリカ人が相手なら、この方法はうまくいきます。

日本の魅力

大野：どのような経緯で、日本語を学ぶことに興味を持つようになったのですか？

カップ：まあ、私の、その、高校時代の趣味がアート作品の制作で、私は日本の芸術に、魅了されたのです。 私はシカゴで育ったのですが、シカゴ美術館には素晴らしい浮世絵コレクションがあるのです。そして、このような考えが浮かびました。「うわあ、浮世絵に書かれている文字を読むことができて、何て書いてあるのかを理解できたら、とてもすてきだろうな。」そして、私はビジネスのキャリアも積みたかったので、そうだ、日本語を学べば、将来のキャリアにも有利なスキルになるし、文化的な面からも、とても楽しいものになる、と思ったのです。

大野：そうして、今や日本語のスキルを、活用されているというわけですね？

カップ：はい、毎日欠かさず。

ン美術館、ボストン美術館に並ぶアメリカ三大美術館の一つ。

(58) **character**　文字

(59) **every single day**　一日も欠かさずに、毎日毎日　★every dayを強めた言い方。

Ohno: Are there things that you do ⑥⓪on a daily basis to remain ⑥①fluent in the Japanese language?

Kopp: Well, I basically speak Japanese in someway, or at least read and write it every single day. And so, ⑥②I'm always in contact with Japanese. And so, I always kind of ⑥③have one foot in the Japanese environment at all times.

Time to Close the Textbook 🔊64

Ohno: What would you say to Japanese people who want to, uh, ⑥④improve their English?

Kopp: Well, I think it, it's really important to listen [to] how Americans actually speak, um, rather than something that you've learned in an old textbook — and so to listen to the natural ⑥⑤patterns of language. I think sometimes Japanese, um, look at textbooks that try to give very simple ways of saying things. And that may be fine when you're a beginner, but ⑥⑥at some point, you really need to start listening to what native speakers actually say so that you can speak in a more natural way.

---

⑥⓪**on a daily basis** 日常的に、毎日

⑥①**fluent** 流暢な、堪能な

⑥②**be in contact with ~** ~に触れている

⑥③**have one foot in ~** 片足を~に突っ込んでいる

⑥④**improve** 良くする、向上させる、高める ★p.158、下から9行目のimprovementは名詞で「向上、進歩」の意。

⑥⑤**pattern** 様式、パターン、型

⑥⑥**at some point** ある時点で

大野：日本語に堪能であり続けるために、毎日していることは何かありますか?

カップ：そうですね、基本的には毎日欠かさず、何らかの形で日本語を話すか、少なくとも読んだり書いたりしています。そうして、常に日本語に触れています。ですから常に、ある意味、片足はどんなときも日本語環境に置いているような状態ですね。

教科書を閉じる時

大野：自分の英語を上達させたいと思っている日本人に、どのような言葉を掛けますか?

カップ：そうですね、古い教科書で習ったことよりも、アメリカ人が実際にどのように話しているのかを聞くことが、とても大事だと思いますね。つまりは、言語の自然なパターンを聞くことですね。よくあることとして、日本人は、すごく簡単な言い方が示されている教科書を見ているように思います。そして、初心者ならそれでもいいかもしれません。けれども、より自然に話せるようになるためには、どこかの時点で、ネイティブスピーカーが実際にはどのように言っているのかによく耳を傾ける必要があるのです。

Ohno: What is your advice or tips for those Japanese who ㉗feel stumped about how to improve their listening ability?

Kopp: Ah, OK. This is something that a lot of clients tell me that is very hard for them. And I think with listening, it's really a matter of just increasing the number of hours that you are in contact with English coming into your ears. So, it means listening to a lot of things. And so, I recommend that people get English language movies. You can watch them with Japanese ㉘subtitles if you'd like, or with English subtitles that either way, depending on how, how, how much you think you need. Also, I really, um, like radio programs. 'Cause now radio programs are ㉙accessible on the internet, so you can listen to the program while reading the ㉚transcript, and that's a really great thing for English study.

Ohno: What's the best way to ㉛measure the improvement of your in— uh, I mean, listening ability?

Kopp: Well, one thing you can do is, if you're listening to radio, for example, pick a particular radio show that you like, and when you first start listening to it, you might find it difficult to ㉜absorb. But as you start listening to it, your ear is going to get ㉝acclimated. And then, after a while, you'll realize you're understanding more than you realized. So, I think, kind of, doing the same thing and seeing how much easier it becomes for you can be really effective.

㉗**feel stumped about ~** 〜について（どうしたらいいのかわからずに）悩む、〜のことで困る

㉘**subtitles** 字幕 ★この意味では通例、複数形。

㉙**accessible** 利用可能な、入手可能な

㉚**transcript** 筆記したもの、音声を文字に起こしたもの

㉛**measure** 測る

㉜**absorb** 理解する、自分のものにする

㉝**acclimate** 慣れさせる

大野：リスニング力をどうやって向上させればいいのか、わからなくて悩んでいる日本人に、どのようなアドバイスやヒントがありますか?

カップ：ああ、そうですね。これは多くのクライアントが、非常に難しいと私に言ってくることですね。リスニングに関しては、これは単に、耳に入ってくる英語に触れる時間数を増やす、ということに尽きると思っています。それはつまり、多くを聞く、ということですね。そこで私は、英語の映画に触れることを、お勧めしています。日本語字幕で見てもいいですし、必要の度合いによっては、英語字幕でも、どちらでもいいですね。それと、私はラジオ番組も、とてもいいと思っています。というのも、今やラジオ番組はインターネットでも聞くことができますから、スクリプトを読みながら、番組を聞くことができるので、それは英語学習には、本当にいいことです。

大野：リスニング力の向上度を測る最善の方法は何ですか?

カップ：そうですね、一つのやり方としては、例えばラジオを聞いているとすると、自分が好きな特定の番組を選ぶことです。最初に聞き始めたときは、理解するのが難しいと思うかもしれません。でも、聞き続けるうちに、耳が慣れてきます。そしてしばらくすると、思っていたよりも理解できていることに気付くでしょう。ですから、同じことを続けて、それが自分にとってどれほど容易になってくるか確かめるというのは、とても有効だと思います。

（訳：春日聡子）

英語の品格 実践編

発行日：2020年4月21日（初版）
著者：ロッシェル・カップ、大野和基

ロッシェル・カップ　Rochelle Kopp

1964年、アメリカ、ニューヨーク州生まれ。シカゴ大学経営大学院修了（MBA）。北九州市立大学教授兼ジャパン・インターカルチュラル・コンサルティング社社長。文化コミュニケーション、人事管理、リーダーシップと組織開発を専門とする経営コンサルタント。『反省しないアメリカ人をあつかう方法34』（アルク）など、異文化コミュニケーションを題材にした著書も多数。大野和基氏との共著『英語の品格』（集英社インターナショナル）が話題に。

大野和基　おおのかずもと

国際ジャーナリスト。1955年、兵庫県生まれ。東京外国語大学英米語学科卒業後、1979年渡米。コーネル大学で化学、ニューヨーク医科大学で基礎医学を学ぶ。国際情勢や医療問題について精力的にリポートするとともに、世界の要人への単独インタビューを数多く成功させている。

本書は『英語の品格』（集英社インターナショナル）の内容をベースに、新たに例文を書き下ろした英語学習者向けの書籍です。

企画・編集：株式会社アルク メディアビジネス推進部
編集：株式会社REGION
英文校正：Margaret Stalker
対談翻訳：春日聡子
カバーデザイン：小口翔平＋三沢稜（tobufune）
デザイン（本文）：株式会社ライラック
イラスト：今井ヨージ
ナレーション：Howard Colefield, Karen Headrich
音声編集：エレック録音スタジオ

DTP：株式会社REGION
印刷・製本：日経印刷株式会社

発行者：田中伸明
発行所：株式会社アルク
〒102-0073 東京都千代田区九段北4-2-6 市ヶ谷ビル
Website: https://www.alc.co.jp/

地球人ネットワークを創る

アルクのシンボル
「地球人マーク」です。